dtv

W0313846

»Ein großartiges Werk, viel stärker und wahrhaftiger als ›Das sexuelle Leben der Catherine M.‹. So über ihre Eifersucht geschrieben wie Catherine Millet hat noch keine Frau bisher. Dazu gehört wirklich Mut. Und darin liegt auch die Größe ihres Buches.«
Frankfurter Allgemeine Zeitung

»Eine mit der sexuellen Enthemmung aufgewachsene Frau lernt zu ihrer eigenen Überraschung, dass trotz der großen Freizügigkeit mit ihrem Mann und zahllosen anderen Partnern die Schatten von Selbstzweifeln, Verstoßenheit, Eifersucht auch auf sie fallen können.«
Süddeutsche Zeitung

Catherine Millet, geboren 1948 in Bois-Colombes, lebt in Paris als Kunsthistorikerin und Chefredakteurin des avantgardistischen Kunstmagazins ›Art Press‹. Zu ihren Veröffentlichungen zählen etliche Bücher und Essays über zeitgenössische Kunst. 2001 erschien ihr autobiografischer Roman ›Das sexuelle Leben der Catherine M.‹, der weltweit übersetzt wurde und Millionenauflagen erreicht hat.

Catherine Millet

Eifersucht

Aus dem Französischen
von Sigrid Vagt

Deutscher Taschenbuch Verlag

Ausführliche Informationen über
unsere Autoren und Bücher
finden Sie auf unserer Website
www.dtv.de

MIX
Papier aus verantwortungsvollen Quellen
FSC® C019821
FSC www.fsc.org

Ungekürzte Ausgabe 2011
Deutscher Taschenbuch Verlag GmbH & Co. KG, München
Lizenzausgabe mit Genehmigung des Carl Hanser Verlags
© 2008 Flammarion, Paris
Titel der französischen Originalausgabe: ›Jour de souffrance‹
© 2010 der deutschsprachigen Ausgabe: Carl Hanser Verlag München
Das Werk ist urheberrechtlich geschützt. Sämtliche,
auch auszugsweise Verwertungen bleiben vorbehalten.
Umschlagkonzept: Balk & Brumshagen
Umschlagbild: Picture Press/Camera Press/Suki Dhanda
Gesamtherstellung: Druckerei C. H. Beck, Nördlingen
Gedruckt auf säurefreiem, chlorfrei gebleichtem Papier
Printed in Germany · ISBN 978-3-423-34661-0

Resümee

Glaubt man nicht an Vorbestimmung, dann muss man die Umstände einer Begegnung, die wir aus Bequemlichkeit dem Zufall zuschreiben, in Wirklichkeit als Ergebnis unzähliger, an jeder Wegkreuzung unseres Lebens getroffener Entscheidungen betrachten, die uns insgeheim zu dieser Begegnung hingeführt haben. Nicht, dass wir, und sei es nur im tiefsten Unbewussten, alle unsere Begegnungen oder auch nur die wichtigsten gesucht oder gar herbeigewünscht hätten. Vielmehr handelt jeder von uns wie ein Künstler oder Schriftsteller, der durch eine Vielzahl aufeinander folgender Entscheidungen sein Werk erschafft; eine Handlung oder ein Wort bestimmt nicht unweigerlich die nächste Handlung oder das nächste Wort, sondern stellt den Urheber erneut vor die Wahl. Ein Maler, der einen Tupfer Rot aufgetragen hat, kann wählen, ob er zur Abschwächung einen Tupfer Violett oder zur Belebung einen Tupfer Grün daneben setzt. Letzten Endes kann er sich noch so sehr mit einer fertigen Vorstellung von seinem Bild im Kopf an die Arbeit machen; die Summe aller Entscheidungen, die er treffen wird, ohne sie im einzelnen vorherzusehen, zeitigt ein anderes Resultat. So gestalten wir unser Leben in einer Abfolge von Handlungen, die sehr viel überlegter sind, als wir zugeben möchten – denn offen die volle Verantwortung für sie zu übernehmen, wäre eine allzu große Last –, die uns jedoch mit Menschen zusammenbringen, auf die wir uns, ohne es zu ahnen, schon seit langer Zeit zubewegt haben.

Auf welche Weise hat Jacques zum ersten Mal eine Spur in meinem Blickfeld hinterlassen? Das könnte ich nicht sagen. An anderer Stelle habe ich berichtet, wie der Klang seiner Stimme bei der doppelten Wiedergabe durch ein Tonband (es handelte sich um eine Aufzeichnung) und ein Telefon (durch das man mich diese Aufzeichnung hören ließ) meine Sinne berührte. Doch ein Bild, das in meiner Erinnerung für sein Erscheinen in meinem Leben stehen könnte, habe ich nicht bewahrt. Seltsam, denn ich bin ein Mensch mit einem ausgezeichneten visuellen Gedächtnis, während ich gar kein gutes Gehör habe. Vielleicht kann ich gerade, weil mein Ohr wenig geübt ist, eins der seltenen Male wieder hervorholen, als es empfänglich war, wohingegen mein Sehvermögen dermaßen in Anspruch genommen ist und sich so leicht und scheinbar wahllos auf so viele Einzelheiten richtet, dass ich mich gelegentlich selbst mit den Verrückten vergleiche, die visuelle Signale nicht sortieren und einordnen können. So ist meine erste Vorstellung von Jacques eine *Gestalt*, seine Anwesenheit eine dunkle, dichte Masse in einem helleren weißen oder cremefarbenen Raum, der winzig und nach hinten – daran erinnere ich mich sehr deutlich – durch ein als Arbeitsfläche dienendes Wandbrett und die Tür zu den Toiletten begrenzt war.

Wir mussten uns auf eine Katalogseite konzentrieren mit einem Text von ihm, in dem wir per Hand einen Druckfehler korrigieren sollten. Mehrere Stunden saßen wir in dem engen Raum nebeneinander. Ich sehe noch die Seite mit dem in Schreibmaschinenschrift gedruckten Text vor mir. Ich sehe auch, bei dem Freund, zu dem er mich nach der lästigen Arbeitssitzung zum Essen mitnahm, das Bett, das später am Abend als Sofa diente; ich erkenne sogar noch das Gesicht von ein oder zwei anderen Gästen. Aber was Jacques als Person in diesem Augenblick hervorhebt, ist immer noch kein Bild, es ist die sehr diskrete Geste, wie er mit dem Rücken seines Zeigefingers über mein Handgelenk streift. Diese Erinnerung bestätigt mir ein Phänomen, das ich in Momenten der Erregung körperlicher Lust häufig beobachtet habe: Mein Blick interessiert sich offenbar mehr für die Umgebung als für den Gegenstand meines Begehrens. Tatsächlich ist dies ein Reflex, mit dem jeder in Gesellschaft von sich abzulenken versucht, wobei sich die Lust an der Berührung mit der Freude am Versteckspiel verbindet. Man schaut seinem Gesprächspartner zur Rechten tief in die Augen, um besser zu verbergen, dass der Nachbar zur Linken einem unter dem Tisch den Schenkel streichelt. Aber ist es nicht auch so, dass uns die Erregung eines Sinns großzügig macht und sich deshalb in der gegebenen Situation, während meine Haut eine so sanfte Männerhand spürte, wie ich keine zweite kannte und jemals kennenlernen werde, meine Augen durchaus seinen Freunden widmen konnten?

Im Entwicklerbad der Erinnerungen wird das Bild erst allmählich sichtbar. Auf Anhieb dagegen erinnere ich mich an die Position unserer Körper am nächsten Morgen auf seinem Bett, als wir uns – wie es oft in solchen Situationen geschieht – nach der hastigen Präsentation als physische Wesen dann als soziale Wesen darstellten, und auch den Helligkeitsgrad des Tageslichts im Zimmer während dieses abwechselnden Erzählens kann ich noch einschätzen, doch erst in späteren Erinnerungen sehe ich seine Konturen deutlich werden und seine Gesichtszüge sich abzeichnen.

Bezeichnenderweise ist das Bild in diesen Erinnerungen, die auf eine Zeit zurückgehen, in der wir schon eine richtige, feste Beziehung hatten, keine Nahaufnahme, also etwa eine Zeichnung seines Gesichts mit dem Ausdruck seiner Augen oder seines Mundes, sondern zunächst eine Totale: Zum Beispiel sehe ich ihn, wie er sein Motorrad auf dem Bürgersteig gegenüber abstellt, und beobachte ihn genau, während er die Fahrbahn überquert, seinen Körper aus der schwankenden Woge der anderen Passanten herauslöst und auf die Café-Terrasse zukommt, wo eine ganze Gruppe, zu der auch ich gehöre, ihn erwartet. Mir ist, als hätte ich in diesem Moment das etwas längliche, regelmäßige Rechteck des Kopfes bemerkt, das umso mehr auffällt, als die Haare kurz geschnitten sind und der Schädel kahl zu werden beginnt. Diese Geometrie findet ihre Entsprechung in der Eckigkeit des Oberkörpers – Schultern, Taille, Seiten haben offenbar annähernd das gleiche Maß –, die durch das weite Hemd noch betont wird. Anders gesagt, damit seine Züge sich mir einprägen konnten, brauchte ich Zeit und musste im wörtlichen Sinn ein wenig Abstand nehmen, wie jene auf hergebrachte Weise arbeitenden Maler, die ein paar

Schritte zurücktreten, um Proportionen und Kontraste ihres Motivs im Verhältnis zur Umgebung besser abschätzen zu können.

Ich habe also keinen Laser anstelle der Augen, der, den Nebel der Welt durchdringend, die Gestalt von Jacques Henric sofort ausgeschnitten hätte. Zwar war ich seit meiner Kindheit ans Träumen gewöhnt, doch meine Phantasie kannte ihre Grenzen, und niemals hätte ich das von ihr geformte Idealbild eines Mannes in mein Leben importiert und auf die Züge eines Mannes, der mir begegnete, projiziert. Ich war vierundzwanzig, geboren in einem Pariser Vorort, in einem Umfeld mit wenig Möglichkeiten, aus dem ich im Alter von achtzehn Jahren aufgebrochen war, mit dem, was ich gelesen hatte, als einzigem Gepäck; ich brauchte also eine Ausweitung der Realität und gab mich ganz der erregenden Entdeckung neuer Milieus hin, so wie andere zur gleichen Zeit mit dem Rucksack loszogen. Die Rucksackwanderer haben ihren Rucksack auch nicht sofort abgesetzt. Genauso musste mein Auge erst viele Gruppen »fotografieren«, bevor der Wunsch entstand, einen der Köpfe, die sich dort zeigten, näher einzukreisen. Die romantischen Formeln waren nichts für mich; sie sind es bis heute nicht, und niemals werde ich sagen, ich hätte Jacques unter Tausenden erkannt; nein, ich musste erst tausend kennen, um zu wissen, dass meine Beziehung mit ihm in einem Gefühl von unvergleichlicher Art und Beständigkeit wurzelte. Wie man vor einem Bild, das eine Anamorphose in sich birgt und das auf den ersten Blick banal, geradezu ärgerlich erscheint, den richtigen Blickwinkel zu finden sucht, von dem aus man dank der optischen Gesetze mit Hilfe mehrerer einzelner Elemente zum eigenen Erstaunen einen zusammenhängenden Gegenstand hervortreten lassen kann, so musste ich mir im Leben zunächst meine Anhaltspunkte suchen, bevor ich die unterschiedlichen Erscheinungsbilder eines Mannes bei Gelegenheiten, wo er nicht besonders auffiel, zusammenstellen und so erkennen konnte, wie sich auf meinem Weg derjenige abzeichnete, der mich später erschüttern sollte wie kein anderer.

Von Jacques' Seite gab es diese unauffällige Geste, das kaum wahrnehmbare Streicheln mit seinem gekrümmten Finger. An eine besondere Regung von meiner Seite erinnere ich mich nicht. Nach dem Essen ging ich mit zu ihm. Hatte er deutlicher werden müssen, damit ich mich eingeladen fühlte? Das ist nicht sicher. Ich lebte damals so. An den Weg von der Wohnung seines Freundes, der uns eingeladen hatte, bis zu seinem Apartment habe ich nicht die Spur einer Erinnerung. Interessieren sich denn Reisende immer für das Mittelstück ihres Reisewegs? Bei meiner Absicht, mir auf diesen ersten Seiten die Voraussetzungen meiner Begegnung mit dem Mann, dessen Leben ich teile, wieder ins Gedächtnis zu rufen, kommt mir der sehr weit zurückliegende Ausgangspunkt der Reise in den Sinn. Was mich an jenem Abend mit Jacques mitgehen ließ, war der entfernte Ausläufer einer Bewegung, die einmal sehr schwungvoll begonnen hatte: mit dem Lauf durch einen Garten, und zwar unter folgenden Umständen.

Ich war ein junges Mädchen. Wie schon gesagt, ich las gern, war aber sehr schlecht in Mathematik und bekam Nachhilfeunterricht zusammen mit einer Klassenkameradin, die die gleichen Schwierigkeiten hatte. Wie es der Zufall wollte, schrieb der junge Mann, der uns die Stunden gab, Gedichte und hatte sogar mit einer Gruppe von Freunden eine kleine Zeitschrift gegründet. Als der Tag der letzten Nachhilfestunde herangerückt war, verabschiedeten wir uns auf der Türschwelle des Häuschens, in dem die Familie meiner Freundin wohnte. Ich habe mein Gedächtnis in Verdacht, die Zeitspanne zu übertreiben, die der junge Mann für den Weg bis zum Gartentor brauchte, denn noch heute kommt es mir vor, als wäre ich unterdessen in das erste große Dilemma meines Lebens geraten. Ein Dilemma dehnt die Zeit. Es ist eine Qual, die so lange dauert, wie es braucht, um widersprüchliche Argumente aus dem Bewusstsein auszugraben, sie zu prüfen und auf die einen oder anderen zurückzukommen, um sie zu untermauern. Zum ersten Mal war ich drauf und dran, jemandem, der die lebenswichtige Bedeutung meiner Aussage begreifen würde, zu eröffnen, dass auch ich schrieb; ich holte Luft, und es auszusprechen wurde so dringlich, als müsste ich nach zu langem Luftanhalten unbedingt weiteratmen. Nach dem, was ich gelesen oder was man mich vielleicht auch gelehrt hatte, war ich in meiner Leichtgläubigkeit überzeugt, dass in der zufälligen, aber entscheidenden Begegnung mit einem Älteren, in einem Ausspruch von ihm, der sich später als prophetisch erweist, ein Schicksal waltet; im Hinterkopf hatte ich dabei jene mythischen Erzählungen, die – wie mir viel später das sachkundige, kluge Buch von Ernst Kris und Otto Kurz, *Die Legende vom Künstler*, vor Augen führte – auf die Rhetoren zurückgehen und sich durch die ganze Kulturgeschichte ziehen. Gleichzeitig hielt mich eine pubertäre Scham zurück. Ich würde mich vor den Augen des jungen Mannes und meiner Freundin lächerlich machen. Beide könnten denken, ich hätte mir diese List einfallen lassen, um mit ihm in Kontakt zu bleiben. Denn abgesehen davon, dass er gut in Mathematik und ein Dichter war, sah er obendrein auch noch sehr gut aus. Den Vorurteilen nach hätte mich eher der Wunsch treiben müssen, mit ihm auszugehen, als die Neigung zur Literatur. Oder schlimmer noch, sie würden mich für eine verliebte Gymnasiastin halten, die es schick fand, in Versen ihr Herz auszuschütten. Zwar war meine Neigung – das wusste ich ja – älter als die Bekanntschaft mit ihm, und das, was ich schrieb, hatte nichts mit seiner Person zu tun, aber ohne mir dessen bewusst zu sein, hatte ich sicher schon einen gewissen Scharfblick (wie er sich bei jemandem, der schreiben möchte, sehr früh einstellt – und vielleicht sogar diesem Wunsch vorausgeht –, so dass er von Anfang an, auch sich selbst gegenüber, die Position eines Zeugen einnimmt), und deshalb spürte ich, dass dieser Verdacht auch nicht völlig unbegründet war. Ganz von dem Wunsch durchdrungen, durch Bücher, durch Kunstwerke Zugang zu einer Lebensform zu finden, wie sie mir von meinem Herkunftsmilieu nicht geboten wurde, erkannte ich doch schon deutlich genug, warum die Attraktivität des Mathematiklehrers diesen Wunsch unmerklich verfälschte. Zumindest interpretierte ich es so in einem Alter, in dem man Wert legt auf die Reinheit der eigenen Bestrebungen.

Es ist auch das Alter, in dem die Zukunft nur erst ein Traum ist, erträumt aus den wunderbaren Gelegenheiten, die unsere Phantasie bereithält, solange das Leben noch keine Zeit gehabt hat, uns beizubringen, dass man es auch auf weniger vollkommene, dafür aber zahlreichere und vielfältigere Umstände hin ausrichten kann. Ich rechnete nicht damit, dass sich eine so außerordentliche Chance noch ein zweites Mal bieten würde. Als er seine Hand auf die

Klinke der Eisenpforte legte, rief ich ihn und rannte zu ihm hin.

Die Dinge nahmen ihren Lauf. Ich fragte, ob ich ihn wiedersehen könne, um ihm etwas zu lesen zu geben. Er nannte mir einen Tag. Sein aufmerksames Gesicht zeigte keinerlei Überraschung. Das hielt ich für leichten Unwillen, als habe er meinen Schritt vorhergesehen und mache mir unter dem Anschein des Wohlwollens den Vorwurf, durch mein Zögern seine Zeit zu verschwenden. Ich ging zu meiner Freundin zurück, auch sie zeigte keinerlei Erstaunen und stellte keine Fragen. So konnte ich in einer sehr kurzen Zeitspanne um den Preis eines umso heftigeren inneren Konflikts die wichtigste Entscheidung meines Lebens treffen, und meine Umgebung blieb völlig ungerührt. Hatte niemand etwas gemerkt? Oder hatte man mich längst, weil ich mich immer wieder mit ausgefallenen, albernen Einfällen interessant zu machen versuchte oder die Angewohnheit hatte, Geschichten auszuschmücken, in die Kategorie der Spinner abgeschoben, diese Schleuse, wenn man so will, zwischen der Welt der Familie und der der Kunst? Das Ausbleiben einer Reaktion ließ mir keine Ruhe. Es schürte die Fragen, die ich mir unweigerlich stellte: Welche Rolle würde ich in der Gesellschaft spielen, das versuchte ich mir vage vorzustellen, und mit welchen Augen würden die anderen mich betrachten.

Manche Autoren fiktionaler oder auch essayistischer Literatur sind vielleicht über die reine Liebe zu Büchern zu ihrer Arbeit gekommen. Bei mir war das nicht der Fall. Meine Liebe zu Büchern war nie absolut. Sie vermischte sich mit dem Wunsch, in einer anderen Welt zu leben als in meinem

Herkunftsmilieu; dieses hatte zwar meinen Körper genährt, aber es erweiterte sich höchstens in dem Maß, wie sich der Esstisch vergrößerte, der zum ersten Mal bei meiner Erstkommunion ausgezogen wurde, dann bei der meines Bruders, sowie anlässlich einiger Neujahrseinladungen und Geburtstagsfeiern – was jeweils einherging mit der dem Ereignis entsprechenden Konversation. Literatur als Flucht – ich wäre die Letzte, mich über dieses Klischee lustig zu machen. Die Rue Philippe-de-Metz in Bois-Colombes, die Straße, in der ich geboren bin und wo ich meine Kindheit und Jugend verbracht habe, hat die seltsame Form einer gradlinigen Festung mitten in einem Vorort mit lauter Einfamilienhäuschen. Kurz, eng, mit hohen, robusten Ziegelhäusern, alle fast identisch. Zum Glück lag die Wohnung, in die wir zogen, im siebten und obersten Stock, und beim Lesen saß ich an einem Fenster, das auf einen Hof hinausging und kein Gegenüber hatte. Ausflüge in andere Gegenden, andere Zeiten erfordern die Fähigkeit, sich der Mobilität der Protagonisten und manchmal auch der des Autors anzupassen. Was ich oben in meinem siebten Stock aus den Welten der Kunst und der Literatur aufnahm, wurde mir über *Lecture pour tous* und *Paris Match* vermittelt, und eins der mir zugänglichen zeitgenössischen Vorbilder war Françoise Sagan, die, jung und berühmt, ihren Figuren ähnelte, einen Sportwagen fuhr und eines Tages im Fernsehen in einem Interview erklärte, wie man in einer Abendgesellschaft hinter einem Schluck Whisky oder einem Zug an der Zigarette sein Gähnen verbirgt.

Mit dem Dichter, der eigentlich Mathematikunterricht gab, bin ich niemals ausgegangen, denn er war verheiratet und Vater einer kleinen Tochter. Aber ich habe ihn ein paar

Mal wiedergesehen; wir trafen uns in einem Café, und mit der immer gleichen, leicht distanzierten Aufmerksamkeit begutachtete er, was ich ihm zu lesen gegeben hatte, gab mir belanglose Ratschläge und teilte mir seine Gedanken mit. Als er eines Tages verhindert war oder vielleicht nur vorgab, verhindert zu sein, schickte er einen Freund, der ihn entschuldigen sollte. Vielleicht war es die zweite wichtige Entscheidung in meinem Leben, dass ich dessen Einladung annahm, diesmal allerdings ohne zu ahnen, welche Folgen das haben würde. Der Freund sah weder gut aus, noch war er Dichter, aber er war ungebunden. Vor allem in der Gruppe um die Lyrikzeitschrift war er am wenigsten universitären und familiären Zwängen ausgesetzt, und er war finanziell unabhängig; außerdem hatte er Geschäftssinn, ihm kam die Aufgabe zu, die Zeitschriftenexemplare an die Buchhandlungen auszuliefern und das Geld für den Verkauf zu kassieren. Als es darum ging, zusätzlich zur Arbeit an der Zeitschrift noch eine Kunstgalerie zu eröffnen, erschien Claude naturgemäß am ehesten geeignet und in der Lage, sich darum zu kümmern. Die Zeitschrift stellte irgendwann ihr Erscheinen ein, die Galerie hingegen entwickelte sich. Es war diese Galerie, wo ich einige Stunden lang gemeinsam mit Jacques den Katalog korrigiert habe. Mit Claude lebte ich damals seit viereinhalb Jahren zusammen.

Das Bilderalbum unseres Gedächtnisses ist nach einem System von Beziehungen und Verknüpfungen geordnet, die uns oft überraschen, ja, uns manchmal gegenüber der Erzählung, die wir selbst aus unserem Leben konstruieren, in eine heikle Lage bringen. Claudes Gestalt, so wie sie sich zum ersten Mal meinem Blick darbot, zeichnet sich eindeutig genauer ab als die von Jacques. Seine Haltung ist ein wenig steif, fast förmlich, und obwohl ich ihn im Gegenlicht sehe, erkenne ich seinen Gesichtsausdruck, als er sich vorstellt: »Sie kennen mich nicht – ich bin ein Freund von Patrick, der ...« Mit seinem Blick tastet er mich ab. Er sieht mich in vollem Licht, goldenem Frühlingslicht, das durch ein die ganze Höhe des Treppenhauses einnehmendes Fenster fällt. Claude hat ein Auto, wenn ihn die Lust ankommt, fährt er kurzentschlossen nachts ans Meer. Am Ende einer solchen Eskapade verlor ich meine Jungfräulichkeit. In den ersten Jahren unseres Zusammenlebens ist Claude sehr viel Auto gefahren: Wir besuchten die Biennale in Venedig, die Documenta in Kassel, den Prospect in Düsseldorf. Es gab Ausstellungen in ganz Europa: in Berlin, in Köln, in Rom, in Turin, in Neapel, wir fuhren zu einer Ausstellung in der Wide White Space Gallery in Anvers oder zu Konrad Fischer nach Düsseldorf. 1972 eröffnete Claude eine zweite Galerie in Mailand, und ich begleitete ihn oft dorthin, weil ich für die Zeitschrift *Flash Art* arbeitete, deren Chefredakteur zu den Freunden und Liebhabern zählte, mit denen ich damals dauerhaft liiert war. Ich lebte gern zwischen zwei Städten, so wie ich gern von einem Mann zu einem andern ging.

Die dritte Entscheidung war eine langfristige Verpflichtung, auch wenn sie in dem Moment improvisiert erscheinen mochte oder nach einer spontan aufgegriffenen Herausforderung aussah. Einer leichten Muschel gleich, die an die Oberfläche steigt, weil man plötzlich den lange unbewegten Grund aufgerührt hat, war es ein banales kleines Wort, wie man es nach Überwindung großer Hemmungen plötzlich unbedacht dahersagt, ein Wort, das ein prosaisches, alltägliches Detail betrifft, dann aber für das eigene Leben entscheidend wird. Noch bevor ich mein Abitur gemacht hatte, lebte ich schon mit Claude zusammen. Mit der inneren Unabhängigkeit, die die ersten sexuellen Beziehungen sogleich mit sich bringen, und den Ausflügen in eine Lebensweise, bei der ich entdeckte, dass man improvisierend in den Tag hinein leben konnte, war ich der Zucht und Ordnung von Schule und Familie praktisch gleichzeitig entzogen. Zwangsläufig sorgte sich meine Mutter darum, womit ich meinen Lebensunterhalt verdienen wollte. Als ich eines Tages in der Rue Philippe-de-Metz vorbeiging, um eine Tupperware oder vielleicht saubere Wäsche zu holen, gab ich ihr, ohne jemals vorher darüber nachgedacht zu haben, einfach, weil ich meinte, es könne sie fürs erste beruhigen, spontan zur Antwort, ich wolle Zeitschriften Artikel über Kunst anbieten. Sie tat, als glaube sie daran. Ich wusste nur zu gut, dass das nicht genug Geld einbringen konnte, trotzdem sah ich mich, von meiner Kühnheit verleitet, durch diese Antwort unversehens verpflichtet. Zum ersten Mal erwähnte ich meinen Wunsch zu schreiben vor jemand anders als den jungen Idealisten, die eine private Lyrikzeitschrift publizierten, und ging sogar über den privaten Rahmen hinaus, indem ich diesem Wunsch eine soziale Perspektive gab: Das Schreiben sollte mein Beruf werden. Ein Wort, das nur eine besorgte Mutter beruhigen sollte, damit sie ihre ungeduldige Tochter schnell wieder zu ihrem jungen Geliebten entließ, objektivierte somit einen Wunsch, der vielleicht ebenso stark wie das Verlangen der Tochter nach ihrem Geliebten, aber sehr viel rätselhafter und schwerer zu erklären und deshalb bis dahin verborgen geblieben war. Jahre zuvor hatte ich zum Trost einen Satz von Balzac abgeschrieben: »Nichts prägt den Charakter stärker als ein ständiges Verheimlichen innerhalb der Familie.« Was ich damals verheimlichte, das waren eben die Hefte, in denen ich Zitate, eigene Gedichte und Romanentwürfe notierte. Von nun an würde das Schreiben nichts Heimliches, fast Verschämtes mehr sein, sondern eine Aufgabe, die man vor aller Augen übernahm, die nicht nur normal, sondern auch noch ungewöhnlich und originell war. Wenn man mich fragen würde, was ich machte, würde ich antworten: »Kunstkritik.« Das wäre überraschend, und ich hätte meine Ruhe.

Bei Eröffnung der Galerie hatte Claude die Redaktion der von Aragon geleiteten Wochenzeitschrift *Les Lettres françaises* besucht, um sich vorzustellen, und hatte sich mit einigen Mitarbeitern angefreundet, unter anderem mit Georges Boudaille, dem Redakteur der »Kunst«seiten. Ihm brachte ich meinen ersten Ausstellungsbericht. Chefredakteure mögen Anfänger, weil sie diesen die unbedeutenden Arbeiten übertragen können, mit denen die anderen Journalisten sich nicht mehr abgeben wollen, aber auch, weil sie auf neue Themen lauern. So landete ich plötzlich als Spezialistin für Concept Art, deren intellektuelle Theorien mir gerade recht kamen, nicht nur auf den Seiten der *Lettres françaises*, sondern noch vieler anderer Zeitschriften, die damals neu gegründet wurden. Ein paar Jahre lang teilte Claude dieses Interesse mit mir, und der Katalog, dessen Druckfehler ich gemeinsam mit Jacques zu korrigieren hatte, war der Katalog der allerersten Ausstellung von Concept Art in Paris.

Als ich, bevor ich den verführerischen Dichter-Lehrer ansprach, so dramatisch mein Zögern erlebte, fehlte mir selbstverständlich die Reife, um zu verstehen, dass meine Intuition begründet war. Die Bahnen unserer inneren Erregungen, der intellektuellen wie der sexuellen, können sich berühren und sind durchlässig. Das ist nicht immer der Fall, aber häufig. Hätte ich mich damals um ein paar Jahre zurückversetzen können, wäre mir vielleicht bewusst geworden, dass meine Vorstellungswelt von dieser Mischung bereits durchdrungen war.

In den Ferien buchte meine Mutter, die nicht Auto fahren konnte, oft Bustouren für uns. Im Lauf einer solchen Fahrt hielten wir am Ende des Tages in einem jener pittoresken Dörfer, die man für Touristen, die dort mehr oder weniger geschmackvolle Keramik kaufen, in eine Theaterkulisse von Künstlerleben umgewandelt hat. Wir betraten ein Café. Unter dem Deckengewölbe hinten im Raum hörte eine Gruppe junger Leute einem Gitarrenspieler zu; auch ein junges Mädchen war darunter. In meiner Naivität glaubte ich, die glückselige Bohème zu sehen, die in dem Dorf lebte und gerade dabei war, einen Abend ohne Ende, vielleicht auch eine Nacht lang Musik zu hören und zu singen, wogegen ich wieder meinen Platz im Bus einnehmen musste. Während ich die Gruppe beobachtete, träumte ich davon, einer von ihnen würde mich bemerken und aus irgendeinem Zeichen in meinem Gesicht erraten, dass auch ich mit meinen Sehnsüchten eine von ihnen war, und mich auffordern, zu ihnen herüberzukommen.

Wenn das familiäre Umfeld nicht die sozialen Beziehungen hat, ja nicht einmal imstande ist, Mittel und Wege in Betracht zu ziehen, die bei der Verwirklichung intellektueller oder künstlerischer Ambitionen hilfreich sein könnten – weil es von der Existenz bestimmter Aktivitäten, bestimmter Formen, sein Leben zu gestalten, geschweige denn, seinen Lebensunterhalt zu verdienen, schlicht und einfach keine Vorstellung hat –, wenn man selbst dieses Umfeld noch nicht weit genug hinter sich gelassen hat, um auf eine Idee zu kommen, welche Schritte man unternehmen müsste, und noch weit davon entfernt ist, etwas hervorzubringen, was diese Schritte rechtfertigen würde, von welcher Hoffnung lebt man dann? Man träumt, man wartet auf die märchenhafte Begegnung an einer Wegkreuzung. Ich für meine Person schöpfte die Vorlagen für meine Phantastereien aus meiner Romanlektüre. Ich konnte mir kein anderes Entkommen aus meinem Vorort vorstellen, als dass mich der vorbestimmte Blick eines Unbekannten im Bahnhof Saint-Lazare aus der Trägheit der Menge herausheben würde. Es war nur erst eine Ahnung, aber zweifellos würde meine Rettung, da ich eine Frau war, von einem Mann kommen, der selbstverständlich mein Streben und meine Begabungen (an denen ich keinen Zweifel hatte!) entdecken, mich aber zunächst auf Grund meines Aussehens erkennen würde. Alles weitere, das Abenteuer im einzelnen, entzog sich mir noch.

Ich hatte meine Gedanken über die Gruppe für mich behalten, aber meine Mutter musste bemerkt haben, wie aufmerksam ich die jungen Leute beobachtete. Beim Rausgehen ließ sie über das Mädchen die Bemerkung fallen: »Die geht bestimmt mit jedem ins Bett.« Wiederholt habe ich während meiner Kindheit gehört, dass meine Mutter eine Filmschauspielerin oder irgendeine beliebige Frau, die sich zur Schau stellte, als »Nutte« bezeichnete, und mehr als die

Vulgarität des Ausdrucks schockierte mich dabei jedes Mal die Heftigkeit, mit der sie sich äußerte, ohne dass irgendwer sie überhaupt nach ihrer Meinung über die Frau gefragt hatte, wie auch der Hass, mit dem sie das Wort aussprach. In solchen Augenblicken schämte ich mich für meine Mutter, als hätte sie selbst sich unanständig betragen.

Kein Platz war in meinen Träumereien für das vorhersehbarste Szenario, welches sich dann tatsächlich abspielte, nämlich dass wir beide, aus demselben Vorort mit Zugverbindung zum Bahnhof Saint-Lazare kommend, unterwegs einander helfen und gemeinsam unsere Lehrjahre des Gefühls und der Berufsausbildung absolvieren würden. Was hingegen mit dem Plot der ursprünglichen Geschichte übereinstimmte, war die enge Verbindung von sozialer Emanzipation – dadurch dass wir, Claude und ich, uns gegenseitig die Möglichkeit zu einem Denken und Arbeiten außerhalb der Konventionen eröffneten – und sexueller Befreiung.

Wir vögelten miteinander, beide zusammen mit anderen und jeder für sich mit anderen. Diese Gewohnheit wurde, einmal in Gang gebracht, niemals durch irgendein Gesetz geregelt. Ich will damit sagen, es gab zu keinem Zeitpunkt irgendeine mündliche Vereinbarung zwischen uns, und sowenig wir die Tatsache, dass wir ein Paar bildeten, reflektierten, sowenig hielten wir uns jemals damit auf, festzulegen, welche individuellen Handlungen infolgedessen ausgeschlossen sein sollten (selbst dann nicht, als wir auf manchmal sehr schmerzhafte Weise erlebten, dass es doch in bestimmten Momenten, die sich unserer Kontrolle entzogen, etwas geben musste, was wir nicht Verbote zu nennen gewagt hätten) oder welches zumindest die Dinge waren, die wir als unerträglich empfanden. Ich erinnere mich weder, dass es zwischen Claude und mir große Liebeserklärungen gegeben hätte, bevor ich zu ihm in eine kleine Wohnung zog, in der es zwar zwei Stühle, aber noch keinen Tisch gab, noch, dass wir lange darüber diskutierten, wie ich zur Miete beitragen würde. Auch als in den folgenden Jahren die Zeit der Ohrfeigen und der heißen Tränen kam, waren nach überstandenem Vorfall weder der jeweilige Vorfall selbst noch seine manchmal extreme Gewalttätigkeit für uns ein Thema. Ich bin nicht einmal sicher, ob das Wort Eifersucht uns jemals in den Sinn gekommen ist.

Bestimmte Situationen, wenn auch nicht für beide die gleichen, waren also unerträglich. Claude wusste zum Beispiel Bescheid, wenn ich verreiste und mich mit einem Freund traf. Dann konnte es passieren, dass ich einen Tag später zurückkam als geplant. Das verursachte einen Schmerz, der nicht ausgesprochen wurde. Vielleicht gab es diesen Schmerz auch schon vor meiner Verspätung, und er wartete nur auf diesen Vorwand als Rechtfertigungsgrund, vielleicht aber auch nicht. Ob nun der Grund ein unbewusster Widerstand gegen unsere Freiheit war oder ein wirkliches Vergehen, das ich mir mit der Verspätung hatte zuschulden kommen lassen, oder noch etwas ganz anderes, ich hatte einen Vertrag nicht eingehalten, dessen Bedingungen nie festgelegt worden waren. Die Freiheit galt als Grundregel, aber keine Übereinkunft hatte ausdrücklich oder stillschweigend deren Grenzen bestimmt. So wurden die Gründe für Claudes Leiden niemals aufgeklärt. Er konnte es nicht anders vermitteln als durch Angriffe auf meine physische Person, kalt, fast mit Vorbedacht; nie habe ich in seinem Gesicht einen Ausdruck der Wut gesehen. Stattdessen konzentrierte er sich, zielte die Schläge millimetergenau, wobei er vielleicht irgendeiner inneren Wertetabelle zum Vergleich seelischer und körperlicher Schmerzen folgte. Ein andermal konnte die gleiche Reaktion durch ganz andere Umstände ausgelöst werden. So blieb das Verbot, gegen das ich angeblich verstoßen hatte, in meinen Augen schwer auszumachen und hing offenbar nur von seinem Ermessen ab. Letztlich blieben diese Szenen, bei denen wir uns mit Worten und Taten traktierten, die auf den anderen die abschreckendste Wirkung ausüben sollten, genauso folgenlos, wie wenn wir sie auf den »Stopp!«-Ruf eines Regisseurs hin plötzlich abgebrochen hätten – auch auf mein späteres Verhalten hatten sie keinerlei Einfluss.

Ich meinerseits habe mindestens zweimal erlebt, wie Claude heftig eine andere Frau begehrte. Die Tränenausbrüche und Anklagen, zu denen das bei mir führte, waren niemals Ausdruck der Befürchtung, unsere Beziehung könne dadurch bedroht sein. Wieder blieb sein Verhalten für mich rätselhaft, vor allem, wenn, was vorkam, sein Verlangen nicht auf Gegenliebe traf. Ich war bestürzt, dass er, der gewöhnlich so selbstsicher war, sich als schwach erwies, selbst wenn sich der Schmerz paradoxerweise in noch größerer Stummheit äußerte. Als ungläubige Zuschauerin hätte ich ein Hexenritual mit der gleichen Haltung verfolgt: Nicht nur waren mir die Regeln unbekannt, das ganze Schauspiel hatte ohnehin nichts mit mir zu tun. Ob das Objekt der Begierde für Claude nun meine Person war oder eine andere, ich war gleichermaßen außerstande, sein Verhalten zu interpretieren, und sah darin kaum mehr als den Wunsch nach Besitzergreifung, eines der Primärgefühle, die in der frühen Kindheit geformt werden, aber lange fortbestehen können und noch bei vielen jungen Erwachsenen vorherrschen. Auch meine eigene Psyche war im übrigen so strukturiert. Denn was ich selbst durch Nervenzusammenbrüche und hysterische Anfälle mitzuteilen versuchte, bei denen mein Körper eindeutig zu einem von meinen Gefühlen misshandelten Terrain wurde, Gefühlen, die keinen angemessenen verbalen Ausdruck fanden, war im wesentlichen eine narzisstische Kränkung.

Jedes Mal fixierte sich Claude auf besonders hübsche Mädchen. Im Rausch der sexuellen Befreiung hatte ich das Gefühl entwickelt, die Möglichkeiten meines Körpers seien unbegrenzt. Ich war mir sicher, alle seine Ressourcen in jeder beliebigen Situation nutzen zu können, mit so vielen Partnern wie nur irgend möglich. Wenn mir bewusst gewesen wäre, dass sich diese Sicherheit nicht von selbst verstand, hätte ich meine Erfahrung vielleicht mit dem Spiel mancher Free-Jazz-Pianisten wie Cecil Taylor oder Sun Ra verglichen, die sich nicht mit der Schwingung der Saiten ihres Instruments begnügten, sondern auch noch das Holz klingen ließen, es mit unerwarteten Gegenständen zusammenbrachten und das Publikum zum Mitmachen aufforderten … Dieser Körper konnte anders als die anderen Komponenten meiner Person niemals an Grenzen stoßen. Er kompensierte vorläufig meine Schüchternheit in sozialen Beziehungen und ersetzte ein intellektuelles Vorhaben, das noch sehr vage war. Ohne es jemals in Worte zu fassen, muss ich wohl an so etwas wie eine Allmacht dieses Körpers geglaubt haben und von einem Größenwahn besessen gewesen sein, der sich allerdings nur auf meine Physis bezog. Dazu kam noch, dass meine Freizügigkeit mich in einen Raum katapultiert hatte, der von anderen Frauen, vor allem Frauen meines Alters, wenig frequentiert wurde, wodurch sich für mich der privilegierte Status fortsetzte, im Mittelpunkt der Aufmerksamkeit zu stehen, wie man ihn als Kind genießt. Als ich mir eingestehen musste, dass dieser Körper auch seine Grenzen hat und es mir, da ich nicht die Schönste war, durchaus passieren konnte, dass eine andere mir vorgezogen wurde – was ich zwar wusste, so dumm war ich nicht, aber eine Frau, vor allem eine junge, hat tausend Möglichkeiten, um diese Offensichtlichkeit im Illusionstheater der Verführungskunst untergehen zu lassen –, als mir das also zum ersten Mal klar vor Augen geführt wurde, hat es mich umgehauen. Ich biss in die Betttücher, in denen ich mich schluchzend vergrub, und als Reaktion warf Claude mich manchmal auf den Teppich.

Wir waren beide von Natur aus nicht sonderlich gesprächig. Und unsere Unerfahrenheit erklärt zum großen Teil, warum wir unsere Triebe nicht beherrschen und unsere Gefühle nicht durchschauen konnten. Die Befreiung der Körper und der Begierden war ein durch und durch expansiver Prozess, der keinerlei Behinderung duldete; die geringste Einschränkung stürzte uns in einen Zustand der Fassungslosigkeit. Doch wurden wir in unserer stummen Entschlossenheit von einer anderen Kraft getragen.

Auf unserem Weg aus der kleinbürgerlichen Welt am westlichen Pariser Stadtrand in die Welt der Kunst in Saint-Germain-des-Prés gab es keine lange Durststrecke und keine sehr hohen Barrieren zu überwinden. Wir mussten weder jahrelang studieren noch Examina absolvieren, weder Kenntnisse nachweisen noch Bürgschaften vorlegen, nur ein paar Veranlagungen brauchten wir mitzubringen, Claude seinen Unternehmergeist und seine Beharrlichkeit, ich die Fähigkeit zu intellektueller Arbeit und ebenfalls Beharrlichkeit. Zu Anfang verdienten wir nicht viel Geld, doch das war kein Hindernis, weder für unsere Aktivitäten noch für die Begegnung mit den Leuten, mit denen wir zusammenarbeiten wollten, auch wenn es bekannte Persönlichkeiten waren. Nach ein paar Jahren zogen wir um, aus der Dienstmädchenkammer in der Rue Bonaparte in eine große Wohnung im Quartier Beaubourg. Dann kam die Wohnung in Mailand. Nicht, dass wir reich geworden waren, aber den Blick zu einer sehr hohen Decke über meinem Kopf heben zu können oder meinen Schritt auf dem Marmorboden in der Eingangshalle des Hauses zu hören, stellte mich vollauf zufrieden. Ich hatte kein Bedürfnis nach mehr Realität, nur den Wunsch, mir die in Zeitschriften und im Kino vorgefundenen Symbole anzueignen. Das kleine Mädchen, das über seinen Büchern oder am Fenster seinen Träumen nachhing und keine Folge der als Fernsehserie bearbeiteten *Verlorenen Illusionen* versäumte, konnte glauben, es hätte als junge Frau ohne größere Schwierigkeiten die Schwelle zu der erträumten Bühne überschritten, als wäre die Tür aus Pappmaché gewesen und sie hätte nur in der Kulisse gewartet, bis sie an die Reihe kam. Während der Kindheit und Jugend, dieser langen Halbschlafphase, beeinflusst das, was wir uns ausdenken, unser Leben noch nicht richtig, denn dessen Ausweitung wird durch die familiäre und schulische Umgebung gebremst; Wirkung entfalten unsere Handlungen erst, wenn wir diese embryonale Hülle verlassen; was mich angeht, so brauchte ich nur die Augen zu öffnen. Ein solch zwangsloses Leben zu führen, in einem gesellschaftlichen Milieu, das zu der Zeit eines der zugänglichsten und unkonformistischsten war, das es gab, erschien uns deshalb weniger als die Krönung langwieriger Bemühungen, sondern als bloßer Ausfluss unseres Verlangens. Verstärkt wurde dieses Gefühl bei mir noch dadurch, dass ich mich auch mit den religiösen Überzeugungen, die ich bis ins Jugendalter gehabt hatte, sehr gut zu arrangieren wusste.

Über alles geliebt hatte ich die Messbücher mit Goldschnitt, deren Seiten beim Blättern wie Haarsträhnen aneinander klebten und auf deren wattiertem Ledereinband der Daumen einen leichten Abdruck hinterließ. Bei dem, das man mir zur Firmung geschenkt hatte, waren die Seiten durch all die vielen dazwischengeschobenen bunten Bildchen aufgefächert, die ich bei Taufen und Erstkommunionen zusammengesammelt hatte und auf denen sich Jesus per Du direkt an die Betrachterin wandte. In der Entwicklung meiner Neigung zu Büchern hatten die Messbücher ihren Platz unter den anderen, auch der Katechismus war eine Quelle wundersamer Erzählungen, von denen ich behielt, dass sich die eigenen Hoffnungen wie mit einem Zauberstreich unweigerlich erfüllen, wenn man nur fest und tief glaubt – die Schwierigkeit bestand allerdings darin, die Aufrichtigkeit des eigenen Glaubens selbst einzuschätzen … Solange ich an Gott glaubte, stand für mich außer Zweifel, dass er mich mit einer Mission betrauen würde. Zum Beispiel hatte ich die unklare Vorstellung von einer umfassenden Versöhnungsaktion. Da sich meine Eltern sehr oft stritten, käme mir die Aufgabe zu, zwischen ihnen wieder Liebe einkehren zu lassen und mich darüber hinaus aufopferungsvoll meinen

Nächsten zu widmen, um sie ebenfalls auf den Weg der Fürsorge und des Verständnisses zu führen. Von daher malte ich mir meine Zukunft in einer vollständig befriedeten Umgebung aus. Aber mich zur Heiligen berufen zu fühlen war sicher nur eine Form unter anderen, mich auf ein Leben als Heldin einzustellen, wie es mir auch meine weltlichen Lektüren vor Augen führten.

Dann verlor sich die Präsenz Gottes in meinem Leben. Wahrscheinlich hatte die Gewissheit, von Ihm auserwählt zu sein, in meiner Phantasie die schon erwähnte Vorstellung von jenem Unbekannten vorbereitet, ja vorweggenommen, dessen Blick imstande wäre, in der Menge diejenigen zu erkennen, denen es dank ihrer potentiellen Begabung gelingen würde, die gewöhnlichen Lebensverhältnisse hinter sich zu lassen. Mit genau der gleichen Haltung nahm ich später, wenn auch nicht durch das Wirken des Heiligen Geistes oder durch Zauberei, so doch zumindest, ohne dass die Realität meine Träume gebremst hätte, mein Leben als Frau und mein Berufsleben auf. Ich erkannte die gewaltige Kluft zwischen der Zukunft, die mir geblüht hätte, wäre ich, dem Wunsch meiner Mutter entsprechend, Geschichts- und Geographie- oder Französischlehrerin geworden – was für sie verglichen mit ihrer eigenen Situation bereits einen Aufstieg bedeutet hätte – und dem Milieu, in dem ich nicht nur Kontakt zu Künstlern hatte, sondern wo die dort herrschende Freiheit der Denkweisen und Lebensformen unbegrenzte Möglichkeiten zu eröffnen schien. Warum hätte ich da nicht weiter an mein Schicksal glauben sollen?

Selbst wenn der Mensch nicht oder nicht mehr glaubt, sich Gottes Gebot beugen zu müssen, wenn er sieht, dass sein Leben sich nach dem Schicksal entwickelt, wie es auf den allerersten Seiten seiner Vorstellungswelt geschrieben steht, selbst dann hat er keinen Grund, den einmal eingeschlagenen Weg in Zweifel zu ziehen, sowenig wie es ihm vorher eingefallen wäre, Gottes Willen in Frage zu stellen. Bei allen Schwierigkeiten und Leiderfahrungen jener Jahre habe ich doch nie den Schluss gezogen, dass ich mein Leben ändern sollte. Die Streitereien mit Claude – oder die Sorgen, als die Wechsel des Druckers von *art press*, der Zeitschrift, die wir zusammen gegründet hatten, fällig wurden – ließen sich mit der Ausdauer des Langstreckenläufers überwinden, der sich ganz und gar darauf konzentriert, seinen Rhythmus beizubehalten und das Ziel zu erreichen. Hatte ich mit Claude angefangen, meine Träume, in denen ich mich wiegte, seit ich denken konnte, zu verwirklichen, so sah ich nicht, warum ich mich von ihm hätte trennen sollen, solange sich diese Träume ins Leben hinein fortsetzten – und solange ich fortfahren konnte zu träumen.

Wachträume

Schon in den ersten gemeinsamen Jahren mit Claude fing ich an, mein Leben aufzufächern. Die Methode, die ich während der Wartezeit der Kindheit angewandt und die mich nicht enttäuscht hatte, übernahm ich in mein Erwachsenenleben und gewöhnte mir an, meinen Tagesablauf mit ständigen, sehr ausführlichen Tagträumen zu unterbrechen. Da sie so sehr zu meinem Gleichgewicht beitragen, rührt zum Beispiel meine Unfähigkeit, Auto fahren zu lernen, bestimmt von dem instinktiven Wunsch her, mich während des Fahrens in öffentlichen Verkehrsmitteln, die perfekt dafür geeignet sind, diesen Träumen hinzugeben. Wie im Schlaf befindet sich der Körper, passiv und eingesperrt, auf dem Abstellgleis, während wir dem unbeständigen Abbild von uns, das wir an seine Stelle setzen, eine oft bessere, besser kontrollierte Position verschaffen als in den nächtlichen Träumen. Wer hat nicht schon beim Erwachen aus einem schlechten Traum ihn weiterzuträumen versucht, um durch das Happy-End einer bewussten oder halbbewussten Träumerei den unseligen Eindruck des Traums zu korrigieren? Jeder, der diese Neigung mit mir teilt, weiß, wie förderlich dabei die Fenster auf Höhe der Hochbahn sind, die schamlos einen Flash von Intimität preisgeben, oder die geheimnisvollen Fassaden, an denen man entlanggleitet, wenn man im Auto durch einen kleinen Provinzort fährt, oder die Gespräche im Zugabteil, die man unter der Maske des Schlafenden belauscht. Der Einblick mag noch so kurz, unsere Wahrnehmung der Mitreisenden noch so fragmentarisch gewesen sein, ein winziger Fetzen von uns bleibt trotzdem hängen, und ähnlich den indiskreten Fernsehkameras, die uns glauben machen, sie würden von einem unsichtbaren Kameramann bedient, fahren wir fort, in die Pariser Wohnung einzudringen, in das Haus in der Provinz oder in das Familienchaos, über das auf der Nebenbank diskutiert wird. Der Träumer fächert sein Leben auf. Die Welt breitet ein ganzes Spektrum so reizvoller oder gefährlich anziehender Bilder vor seinen Augen aus, dass sein Blick sie alle spiegeln möchte und sie perspektivisch wiedergibt, das heißt, er vertieft und erweitert sie. In einer spontanen Inszenierung bewohnt er für wenige Sekunden jene Wohnung, jenes Haus, auch wenn sie seinem Geschmack noch so sehr entgegenstehen; »ich teile das Leben dieser Familie«, stellt er sich leicht schaudernd vor, wenn deren Diskussion Wertvorstellungen verrät, vor denen er immer die Flucht ergriffen hat. In gewisser Hinsicht haben die Eltern eines verträumten Kindes recht, wenn sie fürchten, ihm werde es später an Charakter mangeln, denn damit meint man gewöhnlich »Charakter aus einem Guss«; aber der Träumer stellt lieber mehrere Personen gleichzeitig dar, lebt mehrere Leben, von denen viele nicht mehr Festigkeit und Bestand haben als eine Staubflocke, die vom Wind zufällig in einen Hauseingang geweht wird. Zu Unrecht allerdings glaubt man, dass einer, der träumt, sich von der Welt abwendet, denn oft erwecken gerade seine anderen Leben sein Mitgefühl für die Welt.

Selbstverständlich sind manche Träumereien erotischer Natur, und ich gab mich ihnen hin, schon lange bevor ich wusste, worin die sexuellen Handlungen genau bestanden, und mir darunter noch nichts weiter als Küsse auf den Mund und das Streicheln der Brüste vorstellte. Wahrscheinlich ging meine Verträumtheit Hand in Hand mit meinem Hang zur Masturbation. Seit frühester Jugend begleite ich meine Masturbationen mit ausführlichen, meist sehr detaillierten Phantasiekonstruktionen. Sie wiederholen sich und werden von Mal zu Mal komplizierter und verzweigen sich im Lauf der Zeit, manchmal über Jahre hin, wie die nie endenden Fortsetzungsromane, deren Handlung den zufälligen Launen ihrer Verfasser folgt. Ohne diese Phantasien könnte ich mich nicht zum Orgasmus bringen. Doch dienen nicht alle erotischen Träumereien dem Akt der Masturbation.

Die Protagonisten der pornographischen Filme in meinem Kopf weisen innerlich und äußerlich Züge auf, die, in einem breiten Repertoire, stereotyp und vielseitig zugleich sind. Innerhalb der jeweiligen Sparte – der gierige Bar- oder Clubbesitzer, der eilige Geschäftsmann, die Bande der herumlungernden Jugendlichen, der Ausländer, der in einer Sprache, die ich nicht verstehe, Obszönitäten von sich gibt usw. – lasse ich alle Altersstufen und eine große Vielfalt von Körpertypen zum Zuge kommen. Doch die Gestalt real existierender Männer, die zu meiner Umgebung gehören oder denen ich zufällig begegne, nehmen sie nur in Ausnahmefällen an, auch nicht die der Filmstars, die mich als Jugendliche ins Schwärmen brachten. Zwar gibt es viele Ähnlichkeiten zwischen den Situationen und Handlungen, die ich erleben konnte, und denen, die meine Phantasie produziert, wobei die erdachten die erlebten in erstaunlicher Weise vorwegnehmen oder inspirieren, doch weder meine Lebenspartner noch meine Freunde oder Bekannten finden Eingang in diese Träumereien. Eine meiner Masturbationsphantasien ist inzestuösen Inhalts. Verständlicherweise wirkt in diesem Fall das Tabu so stark, dass ich die Erinnerung an die Gestalt meines Vaters durch einen Körper ersetze, der völlig anders ist als seiner und sich auch nicht immer gleichbleibt. Doch das Tabu reicht so weit, dass es mir sogar verbietet, mich auf jemanden zu beziehen, der mir vielleicht auf der Straße aufgefallen ist. Gewiss kann ich meine Figuren nur aus Merkmalen realer Menschen zusammensetzen, wie ich sie hier und da aufgelesen habe, aber diese Bezugnahmen sind unerheblich oder verborgen oder unbewusst. Eine Identifikation mit einer bestimmten Person ist ausgeschlossen. Wenn ich gelegentlich in vollem Bewusstsein heftiges Begehren für einen Mann empfand, aber keine Chance hatte, dieses Begehren über kurz oder lang, wenn überhaupt, zu befriedigen, dann kompensierte ich die Frustration trotzdem nicht durch eine Erfüllung in der Phantasie. Es ist seltsam: Der Raum meiner Träumereien ist so abgeschottet, so radikal unzugänglich für jede Person, die in meinen Augen auch nur die geringste Erkennbarkeit besitzt, dass ich zwar in meinem realen Sexualleben, wenn sich schließlich die Gelegenheit dazu ergäbe, ohne großes Zögern mit dieser Person intime Beziehungen aufnehmen könnte, aber aus meinen erotischen Träumereien bliebe sie trotzdem auch weiterhin ausgeschlossen. Ich kann mir Geschichten ausdenken, in denen ich mich in Gesellschaft dieses Mannes sehe; ich treffe mich mit ihm, ich erfinde unsere Unterhaltung, doch vor ausschweifenden Worten und Handlungen macht die Phantasie halt. Ich bin außerstande, das Hindernis oder das Verbot, das die Realität mir entgegensetzt, auf diese Weise zu beseitigen und bei einer solchen mentalen Überschreitung Lust zu empfinden. Um voll in Fahrt zu kommen, müssen meine sexuellen Träumereien die Leinen losgemacht haben, und zweifelsohne möchte der furchterregende Kapitän, dem ich in diesem Augenblick das Steuer überlasse, nicht in einer winzigen Gewissensregung unter der Mannschaft eine bekannte Gestalt auftauchen sehen, die ihn an die Gesetze des Festlands erinnert.

Viele Begegnungen in meinem bisherigen Sex- und Liebesleben zeigen eine ähnliche Aufteilung in Traum und Leben. Und gerade weil sich Traumbänke zwischen die Lebensschichten schieben, sich in ihnen ablagern, aber sich nicht mit ihnen vermischen, stellt sich am Ende vielleicht das Leben selbst als ein lamellenartiges Gefüge dar. Ich hatte das Glück, dass sich mein Leben von Anfang an um eine feste Achse drehte, um meine Arbeit, hauptsächlich die für *art press*, deren Ziele mir immer klar vor Augen standen, und um mein Zusammenleben mit Claude, das dieser Arbeit förderlich war, und das, weil wir uns durch unsere gemeinsame soziale Herkunft miteinander verbunden fühlten, und auch, weil es unsere sexuelle Freiheit nicht einschränkte, nicht in Frage gestellt zu werden brauchte. Außerdem lebte ich parallel zu dieser Achse jahrelang Abschnitte verschiedener anderer Leben, darunter dauerhafte und tiefgehende Beziehungen. Ich schreibe »Leben« und nicht »Abenteuer«, denn jede dieser Beziehungen hatte ihren besonderen eigenen Rhythmus, ihre Regeln und Riten. Alle waren sie für mich Gelegenheiten, mich auf unterschiedlichen Bühnen zu bewegen und wie eine Schauspielerin verschiedene Register auszuprobieren: Ich war Bohemienne, Nutte oder Bourgeoise, je nachdem welchen Status mein jeweiliger Partner hatte – und welchen er mir gewährte, welche Freunde er mir vorstellte, in welche Restaurants er mich zum Essen ausführte oder zu welchen Aktivitäten, zu welcher Arbeit wir uns trafen. Weil viele Nebensächlichkeiten keine Rolle spielten, wie meistens, wenn die Partner in eine Beziehung nur einen Teil ihrer Zeit investieren, zum Beispiel bei harmlosen Seitensprüngen, hatten diese parallelen Leben für mich einen ähnlichen Reiz wie die Träumereien; sie bildeten einen Zwischenbereich. Ohne so rauh zu sein wie die alltägliche Realität, verliehen sie doch den mentalen Bildern eine gewisse Konsistenz. Auf diese Weise habe ich Länder bereist, Milieus kennengelernt, Menschen getroffen oder in Häusern geschlafen, Kleider getragen und Annehmlichkeiten genossen, von denen meine Träumereien mir allenfalls eine vage Vorstellung vermittelt hatten, und es machte nichts, dass alle diese Vorteile mit keiner dauerhaften Lebensweise verbunden waren. Außerdem war ich gegenüber Statussymbolen immer ziemlich gleichgültig, und nur weil ich das Gemüse im Moulin de Mougins gekostet hatte, verzichtete ich noch lange nicht darauf, mit großem Appetit den erstbesten Couscous zu essen, und nur weil ich mich auf Sexpartys im siebten Pariser Arrondissement getummelt hatte, fühlte ich mich bei einem Hochzeitsessen in einem kleinen

Dorf im Herzen Umbriens nicht weniger zu Hause. Der Träumer hortet nur immaterielle Schätze, und wenn ein Gegenstand seiner Träume, der zufällig Wirklichkeit geworden ist, als Erinnerung wieder in den immateriellen Zustand zurückkehrt, dann misst er dem nur eine relative Bedeutung bei. An der Umkehrbarkeit des Prozesses hat er jedenfalls keinen Zweifel.

Über sechs Jahre lang hatte ich eine sehr enge Beziehung mit Jacques, während ich gleichzeitig mit Claude zusammenlebte, dann verließ ich Claude und wohnte zunächst bei einer Freundin, die mich aufnahm, dann rund drei Jahre lang allein und schließlich zog ich zu Jacques, mit dem ich immer noch zusammen bin. Und erst als sich die wiederkehrenden Konflikte zwischen Claude und mir auf unsere unterschiedlichen Vorstellungen von der Zukunft von *art press* verlagerten, beschloss ich eines Tages, endgültig ein paar Kleidungsstücke aus unserem großen Schlafzimmerschrank zu nehmen. Wenn wir uns plötzlich entscheiden, einen unüberschaubaren Weg einzuschlagen, schützt uns vermutlich, damit wir bei unserem Entschluss bleiben, eine Art Betäubung, denn ich sehe zwar noch die Kleidungsstücke wie für eine Reise ausgebreitet vor mir auf dem Bett liegen, aber ich kann mich nicht an die Gefühle erinnern, die mich möglicherweise in dem Moment bewegten.

Lag es an der frühen Lektüre der großen Romane des neunzehnten Jahrhunderts, einem rechtzeitigen Gegengewicht zu den Büchern, die kleine Mädchen in der Erwartung des Märchenprinzen wiegen, oder an den Liebesgeschichten der Fortsetzungsromane in den Zeitschriften, die meine Mutter kaufte, Romane, die mich in eine Gesellschaft versetzten, in der Liebe und Heirat letztlich auch nicht enger verbunden waren als in manchen früheren Gesellschaften oder bei manchen weit entfernten Völkern, wie die Ethnologen sie beschreiben und über die wir uns zu Unrecht wundern, als ständen ihre Wertvorstellungen im Gegensatz zu unseren? Oder bin ich von Natur aus einfach, sprich ursprünglich? Jedenfalls schienen mir die Grundbedürfnisse des Menschen – sein Wunsch, der Einsamkeit zu entfliehen und ohne Scham oder Schuldgefühle Lust zu erleben, aber auch die Fähigkeit, über das eigene Vergnügen hinauszugehen und einen anderen als sich selbst zu lieben – nicht von vornherein dazu angetan, unter einen Hut gebracht zu werden. Ich erwartete nicht, sie mit einem einzigen Partner zu befriedigen, weder suchte ich danach, noch träumte ich davon. Weil in dieser freizügigen Zeit nichts geheim blieb, kam es hin und wieder vor, dass Leute, die mir nahestanden, mich fragten, wie ich das hinbekäme, oder sie staunten, dass alle meine Partner, besonders Claude, mit dem ich zusammenlebte, und Jacques, der ungebunden war, das akzeptierten. Ich wusste keine Antwort darauf, denn ich konnte mir die Frage nicht stellen. Wenn meine Zweitleben auch nicht geheim waren, so waren sie doch in gewissem Maß voneinander getrennt. Wie Fantômas die Mauern der Häuser, wie ein Science-Fiction-Held die Mauern der Zeit, so durchquerte ich die virtuellen Trennwände, die ich selbst zwischen ihnen aufgestellt hatte. Versetzte ich beim Erzählen Elemente aus einer Welt in die andere, setzte ich nicht voraus, dass diejenigen, mit denen ich zu tun hatte, von sich aus diese anderen Welten, aus denen ich kam, kannten, geschweige denn, dass sie mich an sie erinnerten, wenn ich es nicht wollte. Ich sah kein Problem. In Wirklichkeit wollte ich in meiner Naivität einfach keins sehen. Deshalb waren diese parallelen Leben zum Teil nur geträumt.

Ich schaute auch nicht über die Gartenmauer, wo meine Liebhaber-Freunde ihrerseits andere Parzellen ihres Liebeslebens pflegten. Wie schon erwähnt, kam es in meiner Beziehung zu Claude gelegentlich zu Eifersucht. Aber sie blieb dieser Beziehung vorbehalten. Ich wusste durchaus, dass sich meine Freunde mit anderen Frauen trafen und andere Geliebte hatten, manche auch eine Ehefrau. Einige dieser Frauen kannte ich, und ich hatte freundschaftlichen Umgang mit ihnen, in einem lockeren Rahmen vielleicht auch Sex. Doch mit keiner von ihnen verband mich jemals ein besonderes Gefühl. Von allen Beziehungen, die ich im Lauf meines Lebens eingegangen bin, habe ich bei diesen sogar am wenigsten empfunden und mich dabei so behaglich gefühlt wie bei einer Unterhaltung über ein Thema, das mich keine Spur interessiert. Vermutlich habe ich ihre Existenz schon im Vorhinein neutralisiert. Nicht, dass es ihnen an Identität fehlte, aber in meiner Erinnerung traten sie nur als Nebenfiguren auf, die sich darauf beschränkten, die Bühne zu überqueren. Denn die Ausmaße dieser Bühne gab ich vor, und über die Schauspieler verfügte ich nach meinem Belieben, und ich mochte noch so genau wissen, dass mein Freund verheiratet oder eng mit einer anderen Geliebten liiert war, durch irgendeine abwegige Vorstellung stand das Gesamtbild, das ich von meiner Beziehung zu ihm im Kopf hatte, dennoch im Mittelpunkt. Weil keine dieser Beziehungen für mich von Bedeutung war und ich bestimmt nicht das Gefühl hatte, mein ganzes Leben hinge von ihr ab, konnte ich auch keine der anderen Beziehungen, die mein Partner unterhielt, als größeres Hindernis wahrnehmen, das mich in die Kulisse verwies. Hätte ich damals eine Erklärung dafür liefern müssen, hätte ich vielleicht ohne Scheu behauptet, meine privilegierte Position, derer ich mir immer sicher zu sein glaubte, hinge gewissermaßen mit meiner Allgegenwärtigkeit zusammen. Ich hätte argumentiert, man schenke mir umso mehr Aufmerksamkeit, als man wisse, ich könne anderswohin entfliehen oder sei vielleicht in Gedanken bereits dort. Wie ich inzwischen gelernt habe, hat paradoxerweise eine bestimmte Form von Egozentrik ihre Ursache nicht so sehr in der Fixierung des Menschen auf sich selbst und seine Durchsetzungsfähigkeit, sondern eher in seiner Zersplitterung und Verwirrtheit.

Die Männer, mit denen ich zu tun hatte, waren, was ihr Sexualleben anging, nicht verschwiegener als ich. Mit Ausnahme von Jacques. Anspielungen auf andere Frauen machte er selten und nur diskret, und ich hatte, wie gesagt, kein Interesse, Fragen zu stellen. Der Gegensatz zwischen diesem geheimnisvollen Stück Leben und meiner Umgebung, die sich ziemlich offen preisgab, ein Gegensatz, den ich umso mehr spürte, als mein Gefühl für Jacques zu etwas Besonderem geworden war, führte bei mir zu ganz anderen Reaktionen. Schon in den ersten Jahren unserer Beziehung zeigte ich bei drei, vier Gelegenheiten Eifersucht. Es war eine andere Eifersucht, als ich sie in meinen Krisen mit Claude erlebt hatte. Obwohl die Ereignisse lange her sind und das Gedächtnis erheblich aussortiert hat, fürchtete ich mit Sicherheit nicht die Rivalität einer Frau, die schöner war oder im sexuellen Getümmel mehr zu bieten hatte als ich. Schockiert war ich über die Anwesenheit eines Eindringlings: Eine Gestalt, die ich rasch auf ein

Schattenbild reduziert hätte, wäre mir ihre Existenz durch Gespräche allmählich bewusst geworden oder wäre ich ihr bei einer Abendgesellschaft begegnet, nahm mir durch ihr unerwartetes Auftauchen plötzlich die Luft. Ich fühlte mich in der lächerlichen Situation, nur tausendmal schlimmer, als wenn man auf das Lächeln oder den von ferne zugeworfenen Kuss eines Freundes antwortet, dann aber gewahr wird, dass diese Zeichen der Person gelten, die hinter einem steht. So entdeckt man gleichzeitig, dass man nicht als Einzige freundschaftlich mit ihm verbunden ist, ja, dass er einen nicht einmal bemerkt hat und man beiseite treten muss.

Eines Tages bin ich frühmorgens, nachdem Jacques zur Arbeit gegangen ist, allein in seinem Apartment. An seinem Tisch sitzend im hellen Licht der Fensterfront, das auf diesen Tisch fällt und mich in Augenschein nimmt, schreibe ich ihm in einem Zustand erotischer Raserei einen Brief. Auf welche Weise ich begriffen habe, dass Jacques in diesem Apartment regelmäßig Besuch von einer anderen Frau bekommt, ist heute vollkommen vergessen. Aber ich weiß noch, welche Metapher ich verwendete, um mir den Raum wieder anzueignen und gebieterisch mein Bild wieder aufzurichten. Einige Zeit vorher hatte sich Jacques bei einem Unfall die Hände verbrannt und war mit seinen beiden bandagierten Stümpfen mehrere Wochen lang in seinen Bewegungen behindert gewesen. Wir hatten uns deshalb angewöhnt, dass er beim Sex auf dem Rücken lag, während ich auf ihm wippte. Ich mochte diese Stellung und auch den beiläufigen leicht rauhen Kontakt mit den auf meinen Hüften liegenden Verbänden. In meinem Brief verglich ich mich mit einem Eiffelturm, der seinen Körper überspannte, und erhob damit Anspruch auf das Privileg dieser Stellung. Unser Bewusstsein von uns selbst kann in einem solchen Ausmaß gespalten sein, dass wir, ohne uns über bestimmte allzu aufdringlich zur Schau getragene Charakterzüge oder Verhaltensweisen etwas vorzumachen, dennoch blind dafür sind, welche Gefühle damit verdrängt werden sollen. Ich habe, glaube ich, schon sehr früh in aller Schärfe begriffen, dass ich der sexuellen Erfüllung nur deshalb einen solchen Vorrang einräumte, weil ich sie so benutzte, wie man eine Neigung zu Analgetika entwickelt, die nicht nur den Schmerz betäuben, sondern auch euphorisierend wirken; trotzdem wäre ich nicht in der Lage gewesen, den Schmerz zu lokalisieren. Die automatische, perfekt eingeschliffene Persönlichkeitsspaltung einer Frau, die daran gewöhnt ist, sich selbst etwas vorzuspielen: Während ich den Brief schreibe, begeistere ich mich an meinen kopulatorischen Sätzen, und gleichzeitig betrachte ich mich in meiner Rolle als Inbild der sexuellen Befreiung. Ich philosophiere sogar; in dem nahezu permanenten Dialog mit der Schatteninstanz, die mich immerzu ermahnt, erkläre ich, die anderen Werte im Leben seien unwichtig, Hauptsache, man sei bereit, in diesem Bereich seine Phantasmen auszuleben. Der Blick auf die eigene Person setzt zwangsläufig Distanz voraus. In diesem Moment war es aber nicht die Distanz des kritischen Bewusstseins, das sich, Abstand nehmend, einem Teil seiner selbst zuwendet, es beurteilt oder es zumindest ironisch betrachtet, es war im Gegenteil ein Bewusstsein, das sozusagen eine selbstfabrizierte Marionette als Projektion von sich abtrennte. Mache ich mich verständlich, wenn ich sage, dass ich der Fabrikation dieser Marionette beiwohnte, was auf das Gegenteil von deren Demontage hinausläuft, obwohl in gleicher Weise deren artifizieller Charakter vorgeführt wird, und dass ich mich deswegen dem Reiz dieses Artefakts nicht entziehen konnte? Der zum Vorschein gekommene Teil meines Bewusstseins musste sich erst mit einer Eroberergestalt identifizieren, einer auf den Kirchturm von Reims zumarschierenden Jeanne d'Arc oder, warum nicht, einer aufragenden Erscheinung wie dem Eiffelturm, denn der andere Teil, der Teil, den ich eben nicht sehen und von dem ich noch lange danach erst recht nicht reden konnte (wie der Blick der Augen nimmt der innere Blick etwas wahr, schon lange bevor man es in Worte fassen kann), stieß gegen die Möbel des winzigen Apartments, wo der Brief geschrieben und diese ganze mentale Konstruktion fabriziert wurde. Plötzlich musste dort Platz für drei geschaffen werden, ja für noch mehr: auch für das unbekannte Gesicht dessen, der mir bis dahin als absolut aufrichtiger Mensch erschienen war, Jacques. Als Antwort auf meinen Brief nahm er, Jacques, keine Metaphern zu Hilfe. Er fragte mich nur, ob ich jemals darüber nachgedacht hätte, wie er wohl, da ich nie länger als ein paar Stunden bei ihm blieb, in der ganzen Zeit, als er seine Hände nicht benutzen konnte, die tausend Aufgaben und winzigen Handgriffe im Alltag bewältigt hatte.

Als ich in den Wochen nach meiner Trennung von Claude bei einer Freundin in einer gemütlichen kleinen Mansarde wohnte, die einen passenden Rahmen für zwei emanzipierte Truffaut-Protagonistinnen abgegeben hätte, bekam ich von Jacques viel dringlichere Botschaften. Ein- bis zweimal täglich, per Post oder direkt in den Briefkasten gesteckt. Noch heute, wo ich aus beruflichen Gründen haufenweise Post bekomme, öffne ich sie immer mit dem gleichen Gefühl unverhohlener Erwartung, mit dem ich auch Geschenke, selbst die bescheidensten, entgegennehme, wenn es Überraschungen sind, denn auf etwas kindliche Art und Weise gebe ich dem unbekannten Gegenstand oder der unbekannten Nachricht die Chance, alles Mögliche zu sein, so dass dieses unermessliche Potential alles hinwegfegt, was ich von meinen bloßen Erwartungen oder Wünschen her erahnen könnte. Doch während ein Geschenk seine magische Wirkung durchaus noch eine Zeitlang behalten kann und ich also weder sofort darauf verzichte, einen überflüssigen Gegenstand zu benutzen, noch die Hoffnung aufgebe, einer Einladung Folge zu leisten, obwohl ich weiß, dass mein Zeitplan bereits gut gefüllt ist, so dass beide die Möglichkeit einer Unterbrechung meines Lebensablaufs aufrechterhalten, trübte sich mein Geist leider ein, sobald ich Jacques' Briefe las, mit denen er prompt und zugleich mit der zeitlichen Verzögerung des Geschriebenen auf einen Telefonanruf oder auf unsere Unterhaltung beim Essen am Abend davor reagierte.

Ich las sie in einem Zug durch. Ich las sie kein zweites Mal, oder nur sehr selten. Trotzdem habe ich sie alle aufgehoben. Sie stürzten mich in Verwirrung. Während mein Blick die Seite im Zickzack überflog, schlug ich mich mit Worten herum, deren Sinn mir unklar blieb. Nicht anders, als wenn ich, im Dunkeln überfallen, nach allen Seiten hin auf gut Glück versucht hätte, eine Hand, einen Ärmel oder den Zipfel eines Kleidungsstücks zu erwischen und am Ende nichts gegriffen hätte, was sich als Beute festhalten ließe. In dieser Zeit glaubte ich, ich könnte mich in Zukunft meinem sexuellen Nomadenleben mit noch mehr Bewegungsfreiheit widmen, was zweifellos auch bedeuten würde, viel mehr Zeit mit Jacques zu verbringen. Er dagegen sah mich eher als eine Art Weichenstellerin, die sich anschickte, ein weitläufiges Netz einzurichten, und kündigte an, er werde die Verbindungen nicht akzeptieren. Eine Sache, die ihm missfiel, war zum Beispiel mein Vorschlag, ein großes Loft mit einem meiner Freunde zu teilen: einem Künstler, der in einem Teil sein Atelier einrichten sollte, während Jacques und ich im anderen Teil wohnen würden. Die naiven Gedankenspielereien einer Frau, die bis dahin in der Realität Phantastereien einigermaßen vermieden hatte, bezeichnete er als Perversion.

Für mich hatten Liebe und sexuelle Lust nichts miteinander zu tun; ich war auch nicht der Ansicht, die Lust sei ein unteilbares Ganzes. Da ich immer mehrere Beziehungen gleichzeitig gehabt hatte, hatte ich mich nie damit abgegeben, bei jedem meiner Freunde die Intensität meiner Lust beim Akt zu messen, und wenn die Art und Weise, wie ich es gern hatte, dem einen nicht gefiel, wäre ich niemals auf die Idee gekommen, darauf zu bestehen, dass er sich dem füge. Ich wusste durchaus, dass eine bestimmte Form der Lust, die ich mit dem einen Mann erlebte, sich nicht zwangsläufig bei einem anderen wiederholte, der mir dafür aber möglicherweise half, eine neue Lust zu entdecken. Doch das, was auf den ersten Blick ein größeres, umfangreicheres Spektrum an Erfahrungen zu bieten scheint, hat wahrscheinlich in Wirklichkeit dazu beigetragen, meine persönliche Libidoentwicklung zu verzögern. In dieser Hinsicht habe ich länger gebraucht als andere, mich selbst kennenzulernen. Was ich als Auffächerung meines Lebens beschrieben habe, führte zu einer schillernden Libido.

Lange Zeit habe ich aus Nettigkeit, aus dem Wunsch heraus zu gefallen, aus Neugier und aus noch anderen Gründen, die nicht nur mit der Suche nach Lust zu tun hatten, sehr stark auf die Wünsche meiner Partner reagiert und meine eigenen nur auf gut Glück befriedigt. Im Wechsel von Körper zu Körper, von einem erotischen Universum ins nächste, formte sich meine sexuelle Persönlichkeit auf unterschiedlichste Art, und ich vervollkommnete meine Reaktionen. Wenn die Vorliebe meines Partners für eine bestimmte Stellung, eine Praktik, ein spezielles Spiel auch meinen Neigungen entsprach, bemühte ich mich um eine Steigerung – und konnte mit einem anderen genauso gut wieder alles vergessen. Das ist, glaube ich, eine Fähigkeit, die ich mit vielen Frauen teile, weil sie ihren traditionellen Mangel an Initiative durch eine umso größere, fast experimentelle, körperliche Gefügigkeit kompensieren. Der Unterschied ist nur, dass ich häufiger als andere die Partner gewechselt habe. Doch anders auch als manche Erotomanen, deren Rituale des Lustgewinns so wenig Raum für Improvisation lassen wie die Regeln des mönchischen Lebens, war ich bei aller Beständigkeit in meiner Paarbeziehung, meinen Freundschaften, meiner Arbeit und meinen intellektuellen Verpflichtungen in sexueller Hinsicht doch sehr unbeständig.

Wann genau sich mein Körper, um es kurz zu machen, von meinem Wesen abgetrennt hat, könnte ich nicht sagen. Am deutlichsten bewusst geworden ist es mir beim Schreiben und bei der Veröffentlichung von *Das sexuelle Leben der Catherine M.* Durch den Erfolg des Buches wurde das Phänomen noch verstärkt. Schreiben bedeutet immer Objektivierung, und in diesem Fall ging es darum, ein Maximum an erotischen Situationen und Empfindungen, die mein Körper erlebt hatte, ans Licht zu bringen. Das Buch löste unzählige Kommentare aus. So analysiert und interpretiert, gehörte der Körper von Catherine M. endgültig nicht länger mir selbst. Doch schon bevor ich mit dem Buch anfing, musste mein innerer Blick, um das Projekt zu konzipieren, ja noch früher, um die dort wiedergegebenen Szenen in meinem Gedächtnis zu speichern, gewissermaßen wie ein Blick von außen funktionieren. Gewöhnlich bedarf ein solcher Blick von außen einer Vermittlung; es ist der Blick eines anderen, ob dieser nun anwesend ist oder nicht. Der psychologische Kreislauf ist extrem kurz und im allgemeinen unbewusst; wenn allerdings ich selbst mich »betrachte«, wie ich nackt in meinem Zimmer liege, stelle ich mir dann nicht vor, was jemand sieht, der mich betrachtet, oder was er sehen würde, wenn er bei mir wäre? Ist es nicht so, dass in diesem Fall das mentale Bild, das ich von meinem Körper habe, und die Körperhaltung, die ich vielleicht dem Bild anzupassen versuche, schon zum großen Teil die Phantasien einer anderen Person widerspiegeln? Wenn man jemandem Narzissmus vorwirft, mokiert man sich meistens darüber, dass er sich von vornherein mit einem derart schönen Körper ausgestattet wähnt, dass er zu nichts anderem verpflichtet ist, als diesen Körper zu erhalten, allenfalls noch dazu, ihn zur Geltung zu bringen. Das ist eine grobschlächtige Vorstellung. Der einsame Narziss, der nichts anderes hat als seinen eigenen Blick und sich in sein Spiegelbild versenkt, existiert wohl nur in der Legende. Der gängigste Narzissmus, wozu offenbar auch mein eigener gehört, ist bescheidener und stellt sich bereitwillig dem Realitätsprinzip...

Wie die meisten anderen Egozentriker weiß auch ich, dass meine Anziehungskraft nicht selbstverständlich ist und dass die Bewertung meiner äußeren Erscheinung stark von dem Blickwinkel abhängt, aus dem sie betrachtet wird. Den Blickwinkel aber, oder die Blickwinkel, bestimmen die anderen.

Dass meine physische Gestalt für mich selbst gewissermaßen einen Kompromiss darstellt zwischen dem Ideal, das ich unweigerlich in der Kindheit und vor allem während des Heranwachsens entwickelt hatte, der sehr viel weniger beständigen Marionette, die dieses Ideal in meinen Erwachsenenphantasien ablöste, und dem Patchwork aus Bildern, die ich im Spiegel, in den Blicken anderer oder auf Fotos sah, das hat sicher meine hohe sexuelle Anpassungsfähigkeit gefördert, während diese wiederum das Auseinanderfallen des Bildes in disparate Teile forcierte. Die niemals explizit geäußerte, aber dennoch feste Überzeugung, einen freischwebenden Körper zu haben, klar getrennt vom inneren Ich, von dem wir glauben – gewiss fälschlicherweise, dennoch halten wir notgedrungen daran fest –, dass es die Wahrheit unseres Wesens in sich birgt, und die Unbeständigkeit, die ich in den ersten Jahrzehnten meines sexuellen Lebens an den Tag legte, haben einander gegenseitig verstärkt. Um es vielleicht genauer zu sagen, meinem Gefühl nach besitze ich zwei Körper. Den einen bewohne ich, oder besser gesagt, ich trage ihn, wie ein Weichtier seine Schale, mit mir herum, ohne dass ich den Raum, den er einnimmt, jemals richtig hätte einschätzen können (ich fahre nicht Auto und kann nicht schwimmen; ich habe Angst, im Dunkeln eine Treppe hinunterzugehen, und verstauche mir ständig den Fuß), und ich muss, so gut es geht, seine Bedürfnisse und

Gelüste befriedigen und seine Nöte und Schmerzen lindern. Mich überrascht sein Geruch, wenn ich vor dem Einschlafen den Kopf in der Armbeuge vergrabe, oder auch die Berührung an manchen Stellen, wo man nicht automatisch hinfasst; die Innenseite der Schenkel, die Falte unter den Pobacken kommen mir vor, als gehörten sie jemand anders. Dieser Körper ist eine ziemlich lästige Masse, die ich nur am Zustand seiner Abwesenheit wirklich ermessen kann: am Abdruck, den er auf dem zerknautschten Laken hinterlässt, an dem Platz, den ich leer lasse und zu dem ich mich unter irgendeinem Vorwand – dem Bedauern, ihn zu verlassen, der Angst, dort etwas zu vergessen – wieder zuwende. Ich frage mich übrigens, ob der Moment des Wiederzusichkommens und das Gefühl des Erfülltseins nach der kurzen Absenz im Orgasmus nicht in die gleiche Rubrik gehören. Von der endgültigen Abwesenheit, die ich nicht mehr werde konstatieren können, kann ich mir immerhin einen Begriff machen, wenn es mir zum Beispiel vergönnt ist, einen Ort wieder zu besuchen, an dem ich lange gelebt habe, wo ich aber sehr lange nicht mehr gewesen bin. Die Gegenwärtigkeit, mit der sich in einer solchen Umgebung die Erinnerung an meinen abwesenden Körper aufdrängt, erstickt jede andere Empfindung, als hätte ich bereits den Äther erreicht und wäre endlich imstande, meinen Körper von außen her in seiner Ganzheit zu würdigen. Dieser bewohnbare Körper steht unter meiner Obhut, und ich bin unfreiwillig für ihn verantwortlich.

Dann gibt es noch den Beziehungskörper, der mich in mehr oder weniger engen Kontakt mit anderen bringt und ein Bild von mir transportiert, über das letztlich jeder nach seinem Belieben verfügt. Der Beziehungskörper befreit mich von der Last des bewohnten Körpers. Sosehr dieser ein Gewicht hat und mir Pflichten auferlegen kann, so gern überlasse ich es anderen, sich um die Modellierung meines Beziehungskörpers zu kümmern, bei dem es mir relativ gleichgültig ist, ob ich »mich« darin wiedererkenne oder nicht. Vor dem Objektiv eines Fotografen bin ich ein willfähriges Modell, so fügsam wie früher, als meine Mutter mir schmerzhafte Dauerwellensitzungen beim Friseur aufnötigte oder das Tragen von Kleidern, die sie ungeschickt mit ihrer Nähmaschine genäht hatte. Bei durchschnittlicher Körpergröße und Korpulenz und wechselnder Physiognomie bekam ich die unterschiedlichsten Bewertungen meines Äußeren zu hören, mal schmeichelhaft, mal unfreundlich: für den einen eckig, für den anderen ein bisschen fett, der Gesichtsausdruck mal liebenswürdig, mal schelmisch, mal abweisend. Solch eine virtuelle Hautabzieherei kann durchaus ein Genuss sein. Jeder, der einen kleinen Fetzen von mir abreißt, befreit mich von einem Stück Verantwortung für mich selbst, und das weiß ich zu schätzen, weil ich an dem moralisch sozialen Überich schon genug zu tragen habe. Tatsächlich ist es für mich ein doppelter Genuss: Ich überschreite in vollem Bewusstsein meine physischen Grenzen, wenn sich die anderen meinen Körper aneignen, und ich sehe, wie sie sich dabei mit einer leeren Hülle beschäftigen, während sie mich sonst nicht weiter behelligen und ich für mich allein meinen Film im Kopf ablaufen lassen kann. So bewohne ich den einen Körper als Mieterin und stelle den anderen freizügig zur Verfügung, identifiziere mich aber weder mit dem einen noch mit dem anderen.

Deshalb hatte ich auch nie den Eindruck, dass meine

Person mit im Spiel war, wenn sich dieser Körper auf einen oder mehrere andere Körper einließ. Ob es sich um einen zufälligen oder einen regelmäßigen Kontakt handelte, es war so leicht, über diesen Gesandten aus Fleisch und Blut zu verfügen, der mich in der Welt repräsentieren sollte, und ich wusste doch, wie unabhängig und beweglich er war, eben wie ein guter Diplomat, so dass ich nicht einsah, warum es von Bedeutung sein sollte. Daher war ich außerstande, die ernsthaften Einwände von Jacques zu verstehen. Er entschuldigte sich, ein großes Wort wie »Passion« zu benutzen, das, wie er sagte, in seinem »gewissermaßen biblischen« Sinn zu verstehen sei und nichts zu tun hätte mit den Arrangements »à la Feydeau«, in die ich ihn, wie er mir vorwarf, hineinziehen wolle. Um meine Herumtreiberei zu charakterisieren und die Art, wie ich dabei Anspruch auf sexuelle Meisterleistungen erhob, verglich er mich in seinen Briefen mit der Dame, die im Mittelalter die Ritter zum Kampf in die Turniere schickte. Er berief sich auf die Psychoanalyse und verwandte Begriffe wie »Leugnung der Kastration«, »Hysterie« oder »Perversion«, sowie lange Lacan-Zitate, die mich vollends erschlugen. Einerseits räumte ich ein, dass sich Jacques auf diesem Gebiet besser auskannte als ich. Andererseits schienen mir diese Interpretationen unangemessen für das, was ich bis dahin für das allereinfachste im Leben gehalten hatte – wo doch alles andere so kompliziert war! Ich fühlte mich wie eine Schauspielerin, von der man verlangte, ihren Beruf aufzugeben, weil man sie angeblich der Verbrechen Medeas oder Lucrecia Borgias verdächtigte.

Habe ich jemals die Möglichkeit ins Auge gefasst, Jacques könne darauf verzichten, mich zu sehen? Habe ich befürchtet, dass ich, um meine Verbindung mit ihm aufrechtzuerhalten, meine Lebensweise ändern müsste? Offen gestanden, ich war wohl nicht einmal fähig, überhaupt so weit zu denken, und in dieser Situation wirkte mein gespaltenes Wesen Wunder.

So wie ich mich leicht allen möglichen sexuellen Praktiken anpasste und immer die jeweilige Moral respektierte, die sich jeder, selbst der eingefleischteste Libertin, in diesem Bereich zulegt, was natürlich nicht bedeutete, dass ich sie mir zu eigen machte, so akzeptierte ich bei Jacques die Regel, dass unsere Beziehung dem allgemeinen sexuellen Austausch entzogen sein sollte – einem wenn auch nicht physischen, so doch zumindest verbalen Austausch in Form des ebenso naiven wie perversen Erzählens der eigenen Abenteuer –, in dem ich bis dahin gelebt und an dem er sich in der ersten Zeit, als wir uns noch nicht so gut kannten, ein wenig beteiligt hatte. Von dem Moment an, als wir beschlossen zusammenzuleben, musste das Akzeptieren dieser Regel Konsequenzen für meine Lebensweise nach sich ziehen. Ich kann mich nicht erinnern, dies zum Gegenstand einer bewussten Entscheidung gemacht zu haben. Teile von mir lösten sich ganz einfach ab und emanzipierten sich von derjenigen, die sich Jacques gegenüber verpflichtet fühlte, und weder die einen noch die andere dachten jemals daran, sich gegenseitig Rechenschaft abzulegen. Sie hatten dazu auch keinen Anlass. Jacques selbst stellte mir nie Fragen, ich meinerseits hörte auf, ihm spontan meine Abenteuer zu erzählen.

Vermutlich ist in dieser Zeit Catherine M. entstanden. Das heißt, diejenige, die ich bei Jacques war, fing an, diejenige oder diejenigen zu beobachten, die ich bei sexuellen Eskapaden war, und zwar auf eine Weise – mit Abstand und Aufmerksamkeit zugleich –, dass sich nach vielen Jahren unfreiwilliger mentaler Aufzeichnungen daraus der Stoff für ein Buch ergab. Wenn ich mich in meinen damaligen Bewusstseinsstand zurückzuversetzen suche, kann ich ihn am besten mit der überdeutlichen und zugleich irrealen Wahrnehmung vergleichen, die man hat, wenn man nach einer Ohnmacht, wie man so sagt, wieder zu sich kommt. In diesem Augenblick erscheinen uns Gegenstände auf Augenhöhe sehr groß und sonderbar nah, und die Stimme der Person, die neben uns spricht, klingt in unserem Kopf seltsam laut; mit Hilfe dieser vergrößerten und verstärkten Zeichen gelingt es uns, unseren eigenen Körper zu orten und festzustellen, dass er sich an einem unpassenden Platz befindet: auf dem Boden, wohin wir gefallen sind, oder dort, wohin man uns gebracht hat. Ich, die ich immer die sexuelle Freiheit genossen hatte, als handelte es sich um eine angeborene Fähigkeit, registrierte auf einmal Bilder von mir in Situationen und Begegnungen, die zum ersten Mal etwas Pittoreskes bekamen.

Anders als nach konventioneller Auffassung, der zufolge sich unser Leben als langes schmales Band in eine unsichtbare Ferne entrollt, kann es sich also auch als Schichtenformation entwickeln, die so dicht ist wie die Erdkruste und wie diese einige durchlässige Schichten aufweist. Ich gab zwar seltener meinen Impulsen nach, unterhielt aber weiterhin einige Beziehungen, von denen manche zu solch zufälligen Begegnungen führten, wie sie so lange schon Teil meiner sexuellen Praxis waren. Aber da Jacques (anders als Claude) diese Praktiken nicht teilte, schienen sie mir zunehmend einer Sedimentschicht anzugehören, die so weit von meinem Alltagsleben entfernt und so hermetisch gegen dieses abgeschottet war, dass ich mir dabei fast wie eine Höhlenforscherin vorkam. Mit derartigen Paradoxa arrangiert sich unser Bewusstsein, damit wir unsere eigenen Widersprüche ausleben können: Manche Träume durchdringen unsere Realität so stark, dass sie sich dort wie gesicherte Fakten festsetzen, dagegen erleben wir einige Momente unseres gegenwärtigen Lebens als so losgelöst von unserem Alltag, dass wir sie leicht für Träume halten oder bereits als vergangen betrachten könnten, was uns erlaubt, sie nicht wichtiger zu nehmen, als würde es sich tatsächlich um Hirngespinste oder alte Erinnerungen handeln.

Es gab eine Zeit, da war mein Leben von so vielen Träumereien und als Traum empfundenen Lebensfetzen durchzogen, dass es einem Streichgarngewebe mit wirrem Muster glich, wobei das Zusammenfabulierte mit seinen Höhen und Tiefen genauso viele Emotionen auslöste wie die realen Geschehnisse. Es waren die Jahre, nachdem mein Vater und ein paar Monate später meine Mutter gestorben waren, sie auf besonders dramatische Weise durch einen von ihr gewollten, gewaltsamen Tod. Ohne eine Erklärung dafür finden zu können, beobachtete ich, dass es mir kurz nach diesen schmerzlichen Ereignissen – schmerzlich über alle Maßen das zweite – und für ziemlich lange Zeit zur Gewohnheit wurde, mich erotischen Träumereien hinzugeben, wie ich sie sonst nicht kannte. Bis dahin hatten meine Phantasmen immer die Funktion gehabt, mein Masturbieren zu begleiten, und ich hatte dabei immer nur Partner mit allem Drum und Dran herbeiphantasiert. Jetzt träumte ich in

Bruchstücken und ließ immer wieder die gleichen kurzen, ziemlich banalen Szenen vor mir ablaufen, Annäherungsdialoge oder -blicke, kleine Flirts, Zeichen, die mich trotz ihrer Banalität so stark erregten, dass es zu Zuckungen kam, zum Onanieren aber nicht ausgereicht hätte. Lag der Grund für diese ungewöhnliche Zurückhaltung darin, dass ich als Vorbild für meine Partner diesmal Personen mit eindeutiger Identität wählte, die entweder zu meiner Umgebung gehörten oder denen ich zumindest schon einmal begegnet war?

Ich verspürte auch kein Bedürfnis, diese Träumereien Wirklichkeit werden zu lassen. Ich habe nie Männer angemacht. Und weil ich mich in meinem Sexualleben nie eingeschränkt gefühlt hatte, war ich fatalistisch geworden; wenn sich eine Beziehung entwickeln sollte, bot sich die Gelegenheit dazu, ohne dass ich jemals den Eindruck hatte, den Lauf der Dinge zu beeinflussen, andernfalls verebbte die Welle des Begehrens oder suchte sich einen anderen Weg. Fünf oder sechs reale Personen hatten so für einige Jahre einen Doppelgänger in meinem Phantasieleben; eine einzige von ihnen spielte schließlich eine Rolle in der Wirklichkeit, doch diese Beziehung fand während ihrer gesamten Dauer auch weiterhin viel mehr in meiner Vorstellung statt als in meinem aktiven Leben. Der Mann war launisch, ein Liebhaber, der Zartgefühl und Schroffheit zu dosieren verstand, dann wieder ohne ersichtlichen Grund jeden Kontakt verweigerte, sprich die Tür nicht öffnete und nicht ans Telefon ging. Vielleicht trieb mich gerade seine Wankelmütigkeit dazu, zum ersten Mal langwierige, in Gedanken vorbereitete Annäherungsmanöver zu unternehmen. Ich hätte heute große Mühe abzuschätzen, wie viel Zeit ich darauf verwandte, die Pausen mit meinen Phantasiegeschichten zu füllen, denn nachzurechnen, wie viele Stunden lang ich Strategien ersann, um seine Verschanzung zu durchbrechen, oder mir unser jeweiliges Wiedersehen in allen Einzelheiten ausmalte, wäre sicher erschreckend.

Genauso wie ich eine tatsächliche Verabredung arrangiert hätte, plante ich für solche Träumereien in der Organisation meines Tagesablaufs Pausen ein, auf einer Fahrt irgendwohin, während einer voraussichtlich langen Wartezeit beim Arzt oder bei einer Behörde. Wie lange konnte ich nicht einschlafen oder aufwachen, ohne solche Pläne auszuspinnen und im Voraus ihr glückliches Gelingen auszukosten? Sicher jahrelang, denn manchmal stellte ich fest, dass ich es geschafft hatte, mehrere Wochen oder Monate, in denen die Person aus Fleisch und Blut verschwunden war, mit dem Auf und Ab virtueller Geschehnisse zu füllen. So stark ist das Begehren und so reich die Phantasie, die es in Gang hält, dass vier oder fünf Monate einer auf diese Weise ausgefüllten Wartezeit ähnlich reich an vielfältigsten Empfindungen waren, als hätte derjenige, der mich in Gedanken beschäftigte, tatsächlich während dieser Zeit mein Leben geteilt. Deshalb verliert jemand, der lange wartet, auch nicht den Mut. Ohne dass er verrückt wäre, ohne dass er seine Träume mit der Realität verwechselte, gibt seine Obsession den Träumen eine Konsistenz, die sie zu haltbaren Brücken zwischen den wirklich erlebten Ereignissen macht; die realen Erlebnisse selbst könnten dagegen wegen ihrer Kürze oder wegen der Enttäuschung, die sie verursachen, manchmal auch nur geträumt gewesen sein. Was sind schon in unserem Gefühlsleben zwei Stunden heimlicher Zärtlichkeiten im Vergleich zu den langen

Tagen, an denen dieser Augenblick hundertfach vorweggenommen wird? Verlangt denn die Unzulänglichkeit des tatsächlichen Geschehens nicht geradezu nach einer Ausgestaltung der Träume als Kompensation? Unter diesen Umständen kommt es keineswegs dazu, dass die verstreichende Zeit, also die Abfolge der Ereignisse, aus denen das tatsächlich gelebte Leben besteht, die Hoffnung erlahmen lässt und unter ihren Ablagerungen die Schöpfungen der Phantasie begräbt, im Gegenteil, sie lässt sie weiter wuchern, so dass der Tagträumer ebenso wenig Zeitbewusstsein hat wie der Schlafende in seinen nächtlichen Träumen. Und wenn er eines Tages seine Träumerei aufgibt, dann bestimmt nicht, weil er sich der Zeit bewusst geworden ist. Oder weil ihn ein Ereignis wachrüttelt. Wie sich ein Kätzchen auf unserem Bauch festkrallt und, eigensinnig auf sein Wohlbehagen bedacht, minutenlang seine Pfoten dagegenstemmt, dann plötzlich, ohne dass wir uns bewegt oder ein Geräusch gemacht hätten, aufsteht, sich dehnt und streckt und einem für uns unhörbaren Ruf folgend verschwindet, so verlässt auch unser Begehren sein Objekt. Nichts hat uns vor diesem Verschwinden gewarnt. Eines Tages merkte ich, dass ich diesen Mann schon sehr lange weder getroffen noch in meinen Träumen hatte auftreten lassen. Erst da stellte sich wieder ein Zeitgefühl ein. Ich sagte mir etwa: »Ein halbes Jahr nicht mehr an ihn gedacht! Das hätte ich nie für möglich gehalten!«

Phantasievolle Menschen umschiffen in ihrem leichten Nachen viele Kaps, bevor ein ganz realer Sturm sie umwirft. Wenn die anderen auf Hindernisse stoßen oder den Kurs berechnen, um sie zu umfahren, finden die Phantasiebegabten ohne Umschweife den Weg, der sie in den Traum gleiten lässt – und bis der Traum vorüber ist, ist das Hindernis vielleicht schon in weiter Ferne. Da sie nicht kämpfen müssen, geben sie nichts von diesen Träumen auf, machen sie keine Abstriche an ihren Wünschen und bewahren sich angesichts ihrer Visionen eine kindliche Gläubigkeit. Als Jacques und ich ein Paar wurden, nahm mein allgemeines Verhalten ruhigere Formen an als in der Zeit meines Zusammenlebens mit Claude. Von meinem Temperament her harmonierte ich besser mit Jacques, und mit der Lebensweise eines Schriftstellers und seinen Beschäftigungen kam ich besser zurecht als mit denen eines Kunsthändlers. Außerdem war, wie schon gesagt, die sexuelle Permissivität stillschweigend zum Tabuthema zwischen uns geworden; damit schalteten wir das Risiko solcher Eifersuchtsanfälle aus, wie ich sie gelegentlich mit Claude erlebt hatte. Der Kreuzfahrtrhythmus, den ich erreicht zu haben schien, fiel auch Außenstehenden auf. Beweise dafür erhielt ich zum Beispiel bei einem Spaziergang mit Claude – inzwischen herrschte wieder Frieden zwischen uns – und einer gemeinsamen Freundin. Wir hatten das Alter erreicht, wo das Leben offenbar anfängt, feste Formen anzunehmen, was nicht bedeutet, dass es ärmer an Ereignissen und Emotionen wird, sondern eher, dass wir ungeduldig darauf brennen, unsere junge Erfahrung zur Geltung zu bringen, und deshalb halten wir sie in Reflexionen und Analysen fest. Wir waren zur Documenta in Kassel und wollten die Gemäldegalerie in dem oberhalb der Stadt gelegenen Schloss besichtigen. Wir hatten uns für den Weg über die Gartenterrassen entschieden, die wir wegen der Hitze und auch wegen der Unterhaltung langsam hinaufstiegen. Wenn ich diesen angenehmen, aber relativ bedeutungslosen Moment behalten habe – tatsächlich weiß ich nicht mehr, über welches tiefschürfende Thema wir uns unterhielten –, dann vielleicht deshalb, weil die Freundin mir eine gewisse Bewunderung bekundete für meine Weisheit, wie sie es nannte. Möglicherweise achtete ich in Gegenwart von Claude und in Abwesenheit von Jacques, der nicht mitgefahren war, darauf, eine besondere Gelassenheit an den Tag zu legen. Aber war ich nicht in dieser wie in anderen Situationen trotzdem darauf angewiesen, dass jemand mich mir selbst zeigte, mir ein Bild anbot, mit dem ich mich identifizieren konnte? Gewiss, ich war mit Jacques glücklicher, als ich es je gewesen war, aber von welchem persönlichen Belvedere aus hätte ich dieses Bild des Glücks betrachten können? Um aus eigener Kraft zu einer solchen Selbstwahrnehmung imstande zu sein, die auf dialektische Weise, weil man sie zu präzisieren und in manchen Fällen zu perfektionieren versucht, schließlich zu dem Vorbild wird, nach dem man sich richtet, hätte ich Abstand gebraucht. Diesen Abstand hatte ich nicht.

Zwar spielte sich mein Leben durchaus in unterschiedlichen Zusammenhängen und in unterschiedlicher Gesellschaft ab, was mir durch den wechselnden Blickwinkel ganz unterschiedliche Einsichten hätte gewähren können. Außerdem war ich, wie ich schon zu sagen versuchte, weil ich das sexuelle Leben nicht in all seinem Auf und Ab mit Jacques teilte, in diesem Bereich zu einer schärferen Beobachterin geworden. Dennoch erschufen die sexuellen Freundschaften, die ich parallel nebeneinander pflegte, in sich abgeschlossene Welten, und es wäre mir unangebracht erschienen, hätte jemand die eine zum Vorwand genommen, um mir über eine andere Fragen zu stellen, ganz besonders über mein Leben mit Jacques. Vielleicht erfand ich ein paar Geschichten mehr als andere, aber ich ließ mich von jeder einzelnen so sehr einfangen, dass ich nie daran dachte, welche Fäden sonst noch gesponnen wurden oder welche ich sonst noch spann. Ebenso wenig stellte ich mir vor, die anderen könnten ihrerseits anderswo anderen Geschichten nachgehen.

Das verborgene Kuvert

Einer der ersten Texte, in denen Salvador Dalí in der Zeitschrift *Minotaure* seine Theorie der paranoisch-kritischen Methode darlegt, trägt den Titel *Psychologie non-euclidienne d'une photographie (Nichteuklidische Psychologie einer Fotografie).* Neben diesen Text lässt er die entsprechende Fotografie reproduzieren: zwei stolze Ladeninhaberinnen und ein etwas bescheidenerer Mann posieren vor der Tür ihrer Auslage; trotz dieses »hypnotisierenden« zentralen Sujets ist das, was Dalís Blick festhält und worauf er unsere Aufmerksamkeit lenkt, eine winzige Garnrolle ohne Garn, die unerklärlicherweise am Bordsteinrand liegt. »Durch und durch exhibitionistisch, gerade wegen seines ›unauffälligen‹ Daseins, [schreit] dieser Gegenstand, der in seiner Beschaffenheit und Unsichtbarkeit den plötzlichen Einbruch der ›paranoischen Erscheinungen‹ geradezu herausfordert, nach einer Interpretation.«

Dank einer gewissen Beobachtungsgabe, die ich leider nicht in den Dienst einer so bewundernswerten Kunst stellen kann wie Dalí, nehme auch ich Dinge wahr, die den Blicken anderer entgehen. Es war übrigens das Aufblitzen dieser Gabe in den Schriften des Malers und nicht nur ihre Umsetzung in seinen Bildern, was mich dazu angeregt hat, über sein Werk zu arbeiten. Ich finde mich leicht in einer fremden Stadt zurecht, nicht, weil ich einem Stadtplan folge, sondern weil ich sofort ein architektonisches Detail oder ein Schaufenster an einer Straßenecke registriere. Wenn ich eine Zeitschrift aufschlage, erkenne ich auf Fotos, die bekannte Persönlichkeiten in ihrem Zuhause zeigen, automatisch Bilder und andere Gegenstände in ihrer Umgebung, und mühelos entziffere ich die Titel der Bücher in dem Regal, vor dem sie posieren. In der Metro bemerke ich unweigerlich den hängenden Rocksaum einer Frau, die vor mir die Treppen hinaufgeht. Ein Freund, den ich oft besuchte, amüsierte sich über meine Fähigkeit, ihm in seinem eigenen Haus den Gegenstand zu zeigen, den er gerade suchte; ohne mich besonders indiskret zu verhalten, ich hatte höchstens meinem Gastgeber beim Einräumen des Geschirrs in den Schrank geholfen, war mein Blick auf diesen für mich uninteressanten Gegenstand gefallen, und spontan hatte sich dessen Bild mit der entsprechenden Umgebung meinem Gedächtnis eingeprägt. Wohlgemerkt, diese visuelle Aktivität ist vom Willen des Menschen unabhängig. Zu Recht erklärt er zu seiner Entschuldigung, der belanglose Gegenstand, das unbedeutende Detail sei ihm »in die Augen gesprungen«. Sehr zutreffend bezeichnet Dalí die Garnrolle als »exhibitionistisch«. Der Beobachter hat seinen Blick nicht eigens darauf hingelenkt, dieses Ding hat ihn »frappiert« – anders gesagt, ihn angegriffen.

Hier muss ich sofort differenzieren. Der Angriff findet

die man vor den Mahlzeiten immer beiseiteschieben oder abräumen muss. In diesem Haufen bemerkte ich mehrere Tage lang ein Kuvert, das, wie ich sofort erkannt hatte, aus einem Fotolabor kam. Es lag dort zwischen anderen Briefen. Jacques macht sehr viele Fotos, lässt sie aber nicht gleich entwickeln. Wenn er schließlich irgendwann mit den Kontaktabzügen kommt, ist es immer ein Spaß, sie aus dem Kuvert zu nehmen und Aufnahmen zu entdecken, bei denen ich mich nur mit Mühe an die jeweiligen Orte und Situationen erinnern kann. Schon mehrmals hatte ich Jacques vorschlagen wollen, dieses herumliegende Kuvert zu öffnen, war dann aber durch eine andere Beschäftigung davon abgelenkt worden.

Rückblickend könnte man meinen, Jacques sei ebenso gutgläubig wie vertrauensvoll gewesen, denn er selbst bat mich, ihm etwas aus seinem Arbeitszimmer zu holen. Auf seinem Schreibtisch fand ich das inzwischen dorthin gelangte Kuvert wieder. Auch ein Notizheft lag dort. Ich bin mir ziemlich sicher, dass das Kuvert geöffnet auf den Fotos lag und sie teilweise verdeckte, ob das Heft aufgeschlagen war oder nicht, weiß ich allerdings nicht mehr, obwohl ich Jacques gegenüber behauptet habe, es sei aufgeschlagen gewesen; ich weiß aber, dass von diesem Moment an in meinem Umgang mit ihm Wahrheit und Lüge ständig und unvermutet miteinander wechselten, so dass mein Gedächtnis manchmal außerstande ist, sie klar zu trennen. Die Aufnahmen zeigten eine junge Frau, die mit dem Fotoapparat, den sie in ihren Händen hielt, ihr eigenes Spiegelbild fotografiert hatte; sie war nackt, saß auf dem Boden, die Beine gespreizt, ihr Bauch der einer Schwangeren. Auf der letzten Aufnahme dieser Serie hatte das Kind zwischen ihren Beinen Platz genommen. Ich erkannte eine Freundin von Jacques, der ich ein paar Mal begegnet war. Ob das Heft nun aufgeschlagen war oder nicht, ich hätte es wahrscheinlich nicht weiter beachtet, wenn es sich um Fotos anderer Art gehandelt hätte. Auf der zuletzt geschriebenen Seite war von einer geplanten Reise in die Provinz die Rede, und Jacques äußerte sein Bedauern, dass Blandine – das war nicht die Freundin, deren Fotos ich gerade gesehen hatte, sondern eine andere – ihn nicht begleiten könne. »Wie schön dieses Mädchen ist!« schrieb er und dann, wie sehr er sie begehre.

Bei einigen wenigen Gelegenheiten glaubte ich, ein sexuelles Einverständnis zwischen Jacques und einer Frau ausgemacht zu haben, entweder weil es sich diskret vor meinen Augen manifestierte oder weil ein unbedeutender Vorfall oder eine dritte Person mir einen Fingerzeig gaben. Aber die dadurch ausgelöste Unruhe oder Besorgnis hatte bei mir nie dauerhafte Spuren hinterlassen. Jacques nahm einen klar umrissenen Platz in meinem Leben ein und unsere Beziehung lief so glatt, dass sich Unruhe und Besorgnis nirgends festmachen und ausbreiten konnten. Und keine jener Situationen fiel mir wieder ein, als ich den Akt mit dem Spiegel betrachtete und die Zeilen über das nicht zum Zuge kommende Begehren las. Unbewusst hütete ich mich davor zu sagen: »Das habe ich mir doch schon immer gedacht.« Einen solchen Schmerz, der deshalb so heftig ist, weil man entdeckt, dass seine Ursachen bereits lange bestehen und man nichts davon geahnt hat, ließ ich in dem Moment noch nicht aufkommen. Die Heftigkeit des Schmerzes, so will es die Regel, steht im Verhältnis zur Dauer der Blindheit. Ich glaube sagen zu können, dass ich angesichts jener Bilder und Zeilen nichts gefühlt habe: Betäubung ist der beste Schutz, den die Psyche bereitstellt, sobald von einem Ereignis ein allzu brutaler Schmerz droht.

Ich hatte eine schematische Vorstellung im Kopf, die ich bis dahin noch in keiner Krise hatte revidieren müssen: Jacques setzte meiner Zügellosigkeit eine ausgeglichenere, ruhigere Persönlichkeit entgegen. Sicher hatte diese Vorstellung zum Teil mit den Briefen zu tun, die er mir kurz vor Beginn unseres Zusammenlebens geschrieben und in denen er mich vor den Auswirkungen meiner sexuellen Freizügigkeit gewarnt hatte. Aber auch diese Quelle war verschüttet und vergessen; seit vielen Jahren dachte ich nicht mehr an die Briefe und hätte sicher auch in diesem Moment nicht sein gesamtes Wesen, wie ich es dort herauszulesen geglaubt hatte, gegen die fatale Verbindung von Fotos und Tagebuch ins Feld führen können. Zur Zeit der Ereignisse, von denen ich hier berichten will, lebten wir schon seit vielen Jahren so friedlich zusammen, dass ich mein Bild von Jacques niemals hatte korrigieren müssen. Ich hatte auch keinen Grund gesehen, nach einem möglichen Hintersinn seiner Worte und seines Verhaltens zu suchen.

Als ich zu ihm zurückkam, war ich ohne jedes Gefühl, nur voller Erwartung. Und diese Erwartung, so viel kann ich sagen, löste in den Tagen danach ein Durcheinander erster larmoyanter Fragen aus, die ich ihm stellte, und lähmte über Monate und Jahre hin unsere Beziehung. Dabei konnte ich nie richtig formulieren, was ich erwartete, denn ich hätte mir gewünscht, er würde darauf eingehen, bevor ich überhaupt den Mund aufmachte, ja bevor ich den Blick auf ihn richtete.

Ich sprach nur von den Fotos, von dem Heft sagte ich nichts. Jacques gab als Grund an, er habe eine väterliche Beziehung zu der jungen Frau. Ihr habe daran gelegen, ihre Schwangerschaft für ihn zu dokumentieren. Er fand dies seltsam, da er nie ein besonderes Interesse an dem Kult rund um die schwangere Frau bekundet hatte – in diesem Punkt glaubte ich ihm gern. Ein ernsthafter Erklärungsversuch kam schließlich von mir: Weil er kurz zuvor einen Roman veröffentlicht hatte, auf dessen Cover eine Reproduktion des *Ursprungs der Welt* von Courbet abgebildet war, habe sie sicher vor ihrem Spiegel den *Ursprung der Welt* darstellen wollen. Ich strich mit der flachen Hand über den Tisch, an dem wir saßen, und dachte nach.

Um das Unbehagen abzuschütteln, gingen wir essen ins Café de la musique. Ich mag diesen Ort, dieses seltsame Scharnier zwischen der Avenue Jean-Jaurès, die nachts, wenn sich der Verkehr beruhigt hat, mit ihren gewöhnlichen Häusern zu breit, zu hochtrabend wirkt, und dem Gelände des Parc de la Villette mit den wenigen verstreut darin verborgenen Gebäuden, den vereinzelten Lichtstrahlen, den Musikfetzen, die je nach Windrichtung von dort herüberwehen. Und erst recht mag ich ihn seit jenem Abend, als sich in dem düsteren, etwas gekünstelten Ambiente die Person auflöste, die, verträumt oder verspielt, unbewusst oder naiv, alles in allem aber die glückliche Gefährtin von Jacques Henric gewesen war. Nicht, dass dieses Restaurant jetzt bei mir nostalgische Erinnerungen an diejenige weckt, die ich vor diesem Abend war. Durchaus nicht. Was ich unterschwellig als angenehm empfinde, ist eher, das mag vielleicht verwundern, die Wirkung dieses Verlusts wieder aufleben zu lassen. Mit Wohlbehagen erinnere ich mich daran, wie sich meine Gliedmaßen lockerten und den Befehlen meines Gehirns, als ich zur Toilette gehen und dort die schwere Tür aufstoßen musste, nicht mehr recht gehorchen wollten, oder an das irreparable Zerfasern meines Bewusstseins, während wir miteinander redeten. Behutsam riss ich mich von mir selbst los, wie wenn man ein Pflaster nicht mit einem Ruck abzureißen wagt, sondern es nach und nach ablöst, wobei man jedem Zentimeter Haut die Zeit lässt, den heftigen, aber kurzen Schmerz sowie dessen Nachlassen zu spüren, ein Vorgang, bei dem man letztlich fast so etwas wie Lust empfindet. Jedes Mal wenn ich wieder an diesem Ort bin, genieße ich es, den Schmerz, den ich vor Jahren dort erlebt habe, zu reaktivieren und gleichzeitig festzustellen, wie weit er sich inzwischen abgeschwächt hat, so dass er immer leichter auszuhalten ist.

Es ist mir völlig unmöglich, mir den Ablauf unseres Essens wieder vor Augen zu führen oder den Inhalt unseres Gesprächs zu rekonstruieren. Zweifellos habe ich mich bemüht, das Puzzle unseres Zusammenlebens wieder zusammenzusetzen, aber obsessiv eingeprägt hat sich mir einzig und allein der unglückselige Akt, der es durcheinandergebracht hatte. Abgesehen von dem, was ich über die Auflösung meiner Persönlichkeit gesagt habe, erinnere ich mich am deutlichsten daran, wie Jacques mit einer ungeschickten Bewegung sein Glas umwarf und mich mit Wein bespritzte, und an seinen Vorschlag, wir sollten am nächsten Tag zusammen zu einer Modenschau gehen, zur Präsentation einer Wäschekollektion, an der Blandine als Model teilnahm.

Dass ich die letzte Seite des Tagebuchs gelesen hatte, hatte ich noch immer nicht gestanden.

Jacques machte die erwähnte Reise in die Provinz, und da fing ich an, alle seine Notizhefte zu überfliegen. Bestimmt hatte ich sie schon oft gesehen, wenn ich auf der Suche nach einem Bleistift oder einem Blatt Papier seine Schreibtischschubladen öffnete. Ich wusste, um was es sich handelte, aber noch nie hatten sie meine Neugier geweckt. Die neueren bestanden aus Ringbucheinlagen mit schwarzem Deckel, die älteren, einige schon aus der Zeit vor unserem Zusammenleben, sahen unterschiedlich aus, waren vielleicht nach Dicke oder Robustheit ausgewählt, andere wohl eher, weil sie den Charme alter Schulhefte besaßen. Eins hatte ein seltsames Format, sehr länglich, wie ein altes Kontobuch. Die Schrift war immer klein, dicht gedrängt, ließ keinen Rand frei. Eine kurze Zeitlang hatte Jacques per Computer Tagebuch geführt. Das war leichter für mich: Der Akt im Spiegel war mit dem einzelnen Anfangsbuchstaben L. gekennzeichnet; ich brauchte nur auf »suchen« zu gehen und alle Stellen aufzurufen, wo Jacques schrieb, er habe die junge Frau im Atelier des Malers, dessen Assistentin sie war, getroffen, wenn sie allein dort arbeitete. Generell war dieses Tagebuch in elliptischem Stil geführt, ausführlichere Passagen gab es selten, aber ein paar genauere Einzelheiten stoppelte ich mir trotzdem zusammen, zum Beispiel, dass er mit L. gern auf rasch hingeworfenen alten Decken auf dem Atelierfußboden vögelte. Natürlich las ich nicht fortlaufend. Ich hatte mir eine eigene Art von Schnelllektüre angewöhnt, mit deren Hilfe ich weibliche Vornamen herausfischte.

Genauso übte sich mein Auge darin, in einem mit losen

Briefen vollgestopften Fach im Bücherregal die Umschläge mit weiblicher Handschrift aufzuspüren. Ich entwickelte eine Technik, die Briefe stapelweise herauszunehmen, um sie, wenn ich ihr Durcheinander so wenig wie möglich veränderte, leichter wieder an ihren Platz legen zu können. Ich ergriff vorsichtig einen Teilstapel und blieb regungslos stehen. Konzentriert überließ ich alles meinen Augen. Langsam prüfte ich die Handschriften auf den Briefen, die aus dem Stapel herausragten. Erst wenn ich eine vielversprechende oder bereits identifizierte Handschrift ausgemacht hatte, legte ich den Stapel ab und zog den Umschlag, den Brief oder die Postkarte heraus. Nicht ohne vorher mit einem Blick abgeschätzt zu haben, um wie viele Zentimeter oder auch nur Millimeter sie jeweils vorstanden und wie die jeweilige Ecke ausgerichtet war, damit ich sie später wieder genau an ihren Platz legen konnte. Absurde Vorsichtsmaßnahmen. Denn Jacques, der den Menschen zuhört und der Gesellschaft im allgemeinen, ist viel zu sehr in Anspruch genommen; bei alltäglichen Arbeiten ruht sein Blick immer auf den Gegenständen, mit denen er gerade hantiert, und ist doch gleichzeitig davon losgelöst, weil er innerlich die Seite des Buches, das er eben zugeschlagen hat, noch einmal liest oder seine Aufmerksamkeit auf den unsichtbaren Partner richtet, mit dem er sich in Gedanken unterhält; während er deshalb kaum auf die Anordnung der Dinge achtet, beachte ich sie sehr genau, übrigens im doppelten Sinn, indem ich sie wahrnehme und indem ich mich ihnen anpasse. Wäre ich bei meinen Durchsuchungen weniger sorgfältig gewesen, er hätte mit Sicherheit nichts gemerkt. Hätte ich Sachen umgeworfen, ein wichtiges Papier verlegt, dann hätte er über sich selbst geschimpft und seine Ungeschicklichkeit oder Zerstreutheit beklagt. Selbst wenn es durchaus meine Absicht war, keine Spuren zu hinterlassen, ein solcher Perfektionismus in der Kunst des Schnüffelns muss noch andere Gründe haben.

Zu Anfang nötigte mich mein Erregungszustand, mich mit äußerster Langsamkeit zu bewegen. Bei einer Beschleunigung des Herzrhythmus hat man manchmal das Gefühl, als ob das Herz gegen die Brustwand hämmert, und glaubt das Geräusch des Anschlags zu hören. Bevor ich eine Bewegung machen konnte, wartete ich, bis sich das verrückt gewordene Organ in seinem Käfig beruhigt hatte. Oft benutzte ich auch meine Lungen als Airbag, um es im Zaum zu halten, und atmete tief durch. Aufregung überkam mich hauptsächlich beim raschen Durchsehen der Heftseiten oder des Briefstapels; anschließend nahm das akribische Herausziehen der Beute meine ganze Aufmerksamkeit in Anspruch. Jedenfalls war ich für die Dauer der Lektüre, obwohl es nie viel zu lesen gab und ich hastig las, konzentriert genug, um die Reaktion meiner inneren Organe zu vergessen. Zu sehr war ich damit beschäftigt, die lakonischen Notizen zu deuten, die ich gerade entzifferte: ich versuchte, den Namen hinter dem Anfangsbuchstaben herauszufinden, ihm ein Gesicht zuzuordnen oder anhand eines Datums die näheren Umstände und einen genauen Ort einzugrenzen. Vor allem, zwei oder drei Adjektive zu interpretieren, die Jacques in einem Dialog aus Gesten und Worten zwischen ihm und der von mir mehr oder weniger gut nachgezeichneten Gestalt benutzt hatte. Auf diese Weise wurde ich in den allerersten Tagen, nachdem das herumliegende Kuvert seinen Inhalt offenbart hatte, zur inkonsequenten Urheberin meines Schicksals, zur Autorin, die vage Vorstellungen notiert, bis die Fäden der Handlung gesponnen sind, in die sie sich verstricken wird, ein abartiges kleines Nagetier, das sich einen Vorrat an vergifteter Nahrung anlegt! Ich speicherte Situationen mit dazugehörigen Requisiten und Personen zu einem Repertoire, das meiner Phantasie ein Archiv an Bildern bereitstellte, wobei ich weder dessen Umfang vorhersah – noch seine Grausamkeit.

Meistens hielt ich mich dabei auf dem Fußboden auf. Auf allen vieren, mit angehaltenem Atem, sichtete ich, was sich in dem Postfach unten im Bücherregal befand, dann entnahm ich sitzend oder halb auf dem Boden liegend die Proben und untersuchte sie. Die Hefte fand ich in einer Schublade weiter oben, blätterte sie aber doch lieber am Boden durch. Ich vermied es, mich in Jacques' Sessel zu setzen, und meistens auch, die Möbel und die Gegenstände zu berühren, obwohl es wenig wahrscheinlich war, dass ein Polizist geholt werden würde, um Fingerabdrücke abzunehmen. In dem engen Raum unter der Decke dieses Mansardenzimmers schrumpfte ich zusammen. Während ich Frauen, von deren Existenz ich nichts geahnt hatte, die Plätze in Jacques' Leben unter sich aufteilen sah wie Schauspielerinnen, die bei der Probe ihre Markierungen auf der Bühne zeichnen, schränkte ich meine eigenen Bewegungen immer weiter ein. War es die virtuelle Präsenz dieser Frauen, was mich an den Rand drängte, oder hatte ich den animalischen Reflex, der Berührung fremder Hände auszuweichen? Systematisch löschte ich alle Spuren dieser – wenn auch noch so phantasmatischen – Promiskuität, wie das Berühren des Briefpapiers, das sie gehalten hatten, oder mein Mich-einschleichen in Jacques' Blick auf ihren Körper. Imstande war ich dazu nur, weil ich mich völlig auf dieses uneingestehbare Tun konzentrierte, das eigentlich für den Rest der Welt und manchmal auch für unser vergessliches Gewissen nicht stattgefunden haben darf.

Ein Teilgeständnis legte ich allerdings ab. Jacques rief mich an, und natürlich war es am Telefon leichter zu sagen, dass ich in seinem Tagebuch gelesen hatte. Vermutlich merkte er, wie aufgewühlt ich war, denn statt schockiert oder verletzt auf meine Indiskretion zu reagieren, redete er behutsam mit mir. Der Ton dieser ruhigen Stimme gab mir in dem Moment den sichersten Halt. Doch hatte ich wohl erst wenig aufgedeckt, denn als er mir versprach, er werde mir nach seiner Rückkehr die Geschichten erklären, die er mit fünf oder sechs Frauen gehabt habe, nahm meine Verwirrung nur noch zu. So viele hatte ich nicht identifiziert.

Sarajevo, Cluj, Temeschwar

Bevor Jacques von seinem Aufenthalt in der Provinz zurückkam, musste ich selbst für einige Tage ins Ausland reisen. Erst fuhr ich zu Vorträgen nach Sarajevo, dann machte ich eine Rundreise durch Rumänien. Nach meiner Abreise aus Paris wiederholte ich mir die Passagen aus Jacques' Tagebüchern, interpretierte sie neu im Licht dessen, was er mir am Telefon gesagt hatte, und klaubte immer wieder dieselben Gesprächsbrocken heraus in der Hoffnung, die versprochenen Erklärungen vorwegzunehmen, aber heraus kam dabei nichts, weil meine Vorstellungskraft plötzlich aussetzte und meine Gedanken unterbrach, als wäre ich über ein Loch in meinem Gedächtnis gestolpert. Ich machte nun die Erfahrung, wie man leidet, wenn man an der Person zweifelt, die im Mittelpunkt der eigenen Gedanken steht, wie man leidet an dem, was man sich zusammenfabuliert, um die vermeintlichen Lücken im Leben des anderen zu schließen, aber auch an der unerfüllten Erwartung, in der man verharrt und die das gesamte Denkvermögen lähmt, ganz gleich wie wahnhaft dieses auch sein mag. Wir leiden unter unserer Vorstellungskraft und manchmal sogar unter unserem Mangel an Vorstellungskraft. Diese Erfahrung sollte sich bald tausendfach wiederholen: Kaum hatte ich mir eine Erklärung für ein Geheimnis in Jacques' Leben zurechtgelegt, entweder weil er leugnete und ich ihm gerne glauben wollte oder einfach, weil ich meine allzu gewagten Vermutungen aufgegeben hatte, prompt sah ich mich ohne jede weitere Erklärung buchstäblich mit dem Absurden konfrontiert. Weit eher als bei der nachträglichen Beurteilung meiner überspannten Interpretationen hatte ich in solchen Augenblicken den Eindruck, »den Verstand zu verlieren«.

So meinte ich einmal in Jacques' Zusammenfassung einer Reise nach Athen in der Person eines sehr jungen Mädchens, dessen rührende und zugleich erregende Ungeschicklichkeit bei einer Fellatio er erwähnte, die Tochter eines dort lebenden Freundes zu erkennen. Als ich ihren Namen nannte, bestritt er es so spontan und lachte so herzlich darüber, dass ich dem Verlangen nachgab, ihm zu glauben; wir mögen noch so versessen auf die sogenannte Wahrheit sein, wenn wir derart schmerzliche Nachforschungen anstellen, sind wir, teils aus Feigheit, teils aus Erschöpfung, doch schnell bereit, darauf zu verzichten. Gleichzeitig war ich niedergeschlagener, als wenn er meinen Verdacht bestätigt hätte. Stattdessen erinnerte er sich weder daran, wer das junge Mädchen tatsächlich war, noch überhaupt an die Episode, und ich befand mich in der seltsamen Situation, ihm unter Zuhilfenahme meiner neuesten Lektüre eine Szene beschreiben zu müssen, die in meinem Kopf mit einer solchen Genauigkeit Gestalt annahm, dass ich seinem schriftlichen Bericht alle Einzelheiten über die Ausstattung des Hotelzimmers, in dem sie sich abgespielt haben mochte, hätte hinzufügen können, während sie bei ihm, obwohl er sie erlebt, nichts als einen weißen Fleck hinterlassen hatte. Ich wäre besser mit der Sache zurechtgekommen, hätte Jacques mich in meinem Bemühen um eine Rekonstruktion seiner Vergangenheit von Zeit zu Zeit abgelöst und ich hätte ihm nur zuzuhören brauchen. Sicher hätte ich darunter gelitten, die Namen der Orte und der Personen und die Schilderung der näheren Umstände nicht nur zu lesen, sondern aus seinem Mund, mit seiner von Emotionen gefärbten Stimme zu hören, aber zumindest wäre ich auf Hindernisse gestoßen, die, einmal ausgesprochen, ihre Aura verloren hätten, während mich Jacques' mangelhaftes Gedächtnis oder sein Schamgefühl lange Zeit im Leeren hängen ließen. Diese Leere machte mich schwindelig. Ich bin nicht schwindelfrei, und vermutlich erschrecken mich mangelnde Logik, Gedächtnislücken, das, was man als Geistesabwesenheit bezeichnet, genauso sehr wie der Abgrund zu meinen Füßen. Wenn sich einem der Kopf dreht, klammert man sich an die Brüstung; wenn uns jemand mit seinem Schweigen oder das Leben uns mit seiner Unbegreiflichkeit verwirrt, spannen wir eine Leinwand auf, auf die wir Geschichten projizieren, um die Leere zu füllen. Doch mitunter bleiben diese Projektionsflächen weiß. Je weniger es mir gelang, Druck auf Jacques' Gedächtnis auszuüben, desto mehr war meine Vorstellungskraft gefordert und zugleich Stück für Stück ihrer Mittel beraubt.

*

Als ich in Sarajevo den Fuß auf das Rollfeld setzte, trat ich in ein Bild ein, das ich in den Jahren davor so oft im Fernsehen gesehen hatte, dass ich die Hangars, vor denen die Flugzeuge standen, aus denen man die Kisten der Hilfsorganisationen auslud oder denen die mit einer Mission betrauten Persönlichkeiten entstiegen, wiedererkannte. Alles was ich an Verzweiflung und wachsender Besessenheit der vorangegangenen Tage mitgeschleppt hatte, wurde dort sofort aufgesogen oder zerfiel in Teilchen, die niedersanken auf etwas, was ich zum ersten Mal in meinem Leben sah, frische Spuren des Krieges: rechts von der Landstraße, die mich ins Stadtzentrum führte, inmitten von zertrümmertem Beton und Unkraut, der hoch aufragende Rest des Redaktionsgebäudes der Tageszeitung *Oslobodjenje*, links der Straße Wohnhäuser mit nur ein oder zwei bewohnten Etagen, die sich als helle Fensterreihe mit Gardinen über die Fassade zogen, alles Übrige, darunter, darüber, noch rauchgeschwärzt, die Scheiben zerbrochen.

Hat denn noch nie ein phantasievoller Psychologe das physikalische Prinzip der kommunizierenden Röhren aufgegriffen, um zu untersuchen, nach welchen Regeln unser Kummer bisweilen sein schwarzes Wasser über die Welt ergießt, bis wir nichts mehr erkennen können, während ein andermal die erstickenden Ausdünstungen der Welt in uns eindringen und unsere Sorgen verdrängen? In meiner Erinnerung an diesen Aufenthalt in Sarajevo mischt sich Erschütterung mit Erleichterung. In der Stadt, die sich gerade aus dem Albtraum erhob, war meine Angst für den Augenblick überdeckt.

Wie bestimmte mythische Stätten in Griechenland oder in der Türkei, die ihre einstigen Ausmaße behalten haben, beeindruckte mich die Stadt, weil sie, von Bergen umschlossen, einer Theaterkulisse gleicht. Mit ihren menschlichen Proportionen solcher Orte fühlen wir uns sofort mit deren Ruhm und Heroismus vertraut; wir haben den Eindruck, geradewegs in ein Geschichtsbuch einzutreten, und vermischen diese Empfindung mit dem Erinnerungsschlamm unserer eigenen Geschichte. Viel später, als ich längst wieder in Paris war, wurde mir klar, dass die Aufregung, die ich an der Stelle verspürte, wo der Erzherzog Franz Ferdinand ermordet wurde, vielleicht der naiven Empathie entsprang, die ich empfunden hatte, als man mich als Kind zum ersten Mal zu einem Schauspiel mitnahm, einer Aufführung der *Violettes impériales* im Théâtre Mogador. Es war ein sehr verwirrendes Erlebnis für mich, weil ich nicht genau auseinanderhalten konnte, was zur Aufführung gehörte und was nicht. Zuerst war ich enttäuscht, weil ich geglaubt hatte, die Harcourt-Porträts der Schauspieler in der Eingangshalle würden lebendig werden, und meine Mutter lachte, als sie mein Missverständnis begriff. Die Inszenierung wollte damit Eindruck schinden, dass man echte Pferde auf die Bühne schickte, und ich konnte mir nicht erklären, wie man so große Tiere in einen so kleinen Raum hatte bringen können. Und schließlich zitterte ich vor Angst, als der Knallfrosch explodierte, den man für die auf die Kutsche von Napoleon III. geworfene Bombe halten sollte. Die Zeit war nicht die gleiche, und es war auch nicht die gleiche Waffe verwendet worden, aber die Enge des Ortes, die Architektur, das dramatische Geschehen – ein Fürst, der im vorüberfahrenden Wagen zum Opfer eines Attentats wird –, all das hatte mich, ohne dass ich mir dessen bewusst war, zu jenem frühen Erlebnis zurückgeführt.

Jetzt hörte ich den Einwohnern zu, die nach allem, was sie mitgemacht hatten, als sie jahrelang die äußeren Barrieren nicht überwinden konnten, offen waren gegenüber anderen, und der Bericht über ihr zum Teil unterirdisches Leben während der Belagerung hob vorübergehend die psychische Gefangenschaft auf, in die ich vor meiner Reise hineingerutscht war. Mitunter hatte ich sogar das angenehme Gefühl, mich in die Lüfte zu erheben, denn der Saal, in dem ich meine Vorträge hielt, befand sich in der Kuppel einer ehemaligen Kirche, dem jetzigen Sitz des Soros Center. Es war gegen Ende des Winters, sonniges Wetter, und das Licht fiel durch die Öffnungen ringsum in den Raum; unruhig wurde ich erst wieder morgens in meinem Hotelzimmer, wenn ich in dem blendend hellen Licht, das durch den dünnen orangefarbenen Vorhang fiel, der als einzige Verdunkelung diente, Jacques anrief. Das Licht weckte mich früh und brannte mir in den Augen. Die Verbindung funktionierte gut. Unsere Gespräche waren freundschaftlich und dauerten fünf bis zehn Minuten. Doch Jacques gab mir zu verstehen, dass wir nicht jedes Mal so lange telefonieren könnten.

Nach und nach glich meine Reise der des Jonas, der im Bauch des Wales Zuflucht fand. Nach Sarajevo, der verwüsteten und trotzdem gastfreundlichen Stadt im Tal, flog ich nach Wien, von wo aus ich nach Bukarest weiterfliegen sollte. Damals war ich oft in Wien, dessen Zentrum innerhalb des Rings ebenfalls menschliche Proportionen bewahrt hat. Ich fühlte mich dort umso mehr im Bauch Europas, als sein Flughafen eine Drehscheibe für Mitteleuropa und den Balkan darstellt und sogar die Abflughalle für die

Flüge nach Zagreb, Budapest, Bukarest, Sofia, Warschau oder Minsk, die ich oft durchquerte, als Rundbau gestaltet ist. In Wien blieb ich für eine Nacht bei einem befreundeten Ehepaar, sie stellten mir ein kleines Zimmer zur Verfügung, das ein Kinderzimmer hätte sein können. Betttuch und Decke über den Kopf gezogen, führte ich dort im Flüsterton ein sehr viel längeres Telefongespräch mit Jacques. Ich bat ihn, mich zu streicheln, er antwortete, dass er mir den Arsch wichst, dass ich die Beine hochheben soll, damit er mich richtig packen kann, und dass er mir die Muschi leckt. Ob er sich einen runterholt? Ja, und es wäre nicht schlecht, wenn Catherine ihn ein bisschen lutschen würde. Auch ich berührte mich, steckte den Mittelfinger rein, es war feucht …

Zum Orgasmus bringen mich bei der Masturbation allerdings nur Phantasmen, und die muss ich mir derart genau ausmalen, dass ich in Gegenwart eines Zeugen, selbst wenn es nur ein Zuhörer ist, nur schwer zum Orgasmus komme, denn das geringste Wort von seiner Seite, selbst sein Atem stören meine Konzentration. Manchmal, wenn ich widersprüchliche Gefühle in mir spüre, einerseits Furcht davor, meinen Partner zu ermüden, weil ich entschieden zu lange brauche, bis ich mit meiner stimulierenden Geschichte fertig bin, und andererseits Widerwillen ihm gegenüber, weil er mich bei der Steuerung meiner eigenen Lust bremst, dann verzichte ich lieber. Zum Genuss bin ich deshalb im Lauf dieses telefonischen Austauschs von Zärtlichkeiten, bei dem meine Hand nicht nur den Impulsen des Films in meinem Kopf folgte, sondern ich sie zwischendurch auch noch bei Jacques anlegte, bestimmt nicht gekommen. Das passierte erst hinterher, nachdem ich aufgelegt hatte. Mit welchen Bildern, das weiß ich nicht mehr.

In Bukarest teilten mir meine Gastgeber im letzten Moment mit, dass ich nach Cluj nicht wie vorgesehen fliegen, sondern mit dem Nachtzug fahren würde. Auf die Flugpläne sei kein Verlass, und bei meinem Zeitplan wolle man nicht, dass ich das Risiko einer Verspätung einginge. Man ließ mir keine Zeit, nach weiteren Erklärungen zu fragen, ein Chauffeur fuhr mich zum Bahnhof und drückte mir eine Fahrkarte in die Hand. Ich fand meinen Zug und mein Abteil, das ich mit einer etwas korpulenten blonden Frau mit ziemlich jugendlichen, angenehm weichen Gesichtszügen teilte. Sie sprach Französisch und unterrichtete es auch, wie sie mir mit leiser Stimme erzählte. Dabei hielt sie den Kopf leicht geneigt, wie jemand, der schüchtern eine Frage stellt. Schlafen wollte sie lieber auf der oberen Pritsche.

Die Gnadenfrist, die ich durch den Aufenthalt in Sarajevo und die Zwischenlandung in Wien erhielt, nahm damit ein plötzliches Ende. Die Aussicht, eine Nacht in einem unbequemen Zug zu verbringen, hatte mich verstimmt. Die Reise fing an, mich zu ermüden. Der Waggon rüttelte entsetzlich, die Hitze im Abteil war zum Ersticken. Ich konnte nicht einschlafen, und in einem Dämmerzustand, über mir das Knarren der oberen Pritsche, begann ich in der dunklen, feuchten Falle der unteren Liege zu masturbieren und machte weiter, solange es stockfinster war. Kaum hatten sich die schmerzenden Muskeln meiner Hand nach einer Kontraktion wieder etwas entspannt, schien die Lust gebieterisch meinen Unterleib aufs neue weit zu öffnen. Meine Finger schwammen in einer Mischung aus Schweiß und

Scheidenflüssigkeit, weshalb es, wenn ich meine Schenkel voneinander löste, ein kleines schmatzendes Geräusch gab, und wie früher, wenn ich als Kind neben meiner Mutter im Bett lag und masturbierte, fürchtete ich, meine Abteilgenossin könne es hören und erraten, was ich trieb.

Ich erinnere mich nicht daran, gesehen zu haben, wie sich allmählich ein Streifen Tageslicht am unteren Rand des dichten Fenstervorhangs abzeichnete; irgendwann muss ich doch eingeschlafen sein.

In diesem klapprigen Zug, in dieser wirren Nacht wurde ich, die Onanistin mit der blühenden Phantasie, die Expertin im Ersinnen breitgefächerter erotischer Träumereien, auf einmal völlig von Personen absorbiert, deren Namen und Gesicht ich kannte und die sich der Bühne bemächtigten, die bis dahin ich allein mit meinen anonymen Komplizen besetzt hatte. Ich, die Meisterin im Erfinden, sah mich von dieser Nacht an strengeren Regeln unterworfen als die Autoren der klassischen Tragödie und zweifellos mit weniger Möglichkeiten ausgestattet, sie zu umgehen, als die Klassiker es sich erlaubt hatten. Über lange Zeit gelang es mir nie mehr, meine Lust für mich allein zu stimulieren, ohne das unerträgliche Bild vor Augen, wie Jacques' Geschlecht in das einer seiner Freundinnen eindrang. In diesen Phantasien stand ich nicht länger im Mittelpunkt des Getümmels, ich war bloße Zuschauerin. Wenn ich daran teilhatte, dann nur, um rasch ausgeschlossen zu werden. Und erst genau in dem Moment, wenn der Computer in meinem Kopf Jacques dazu brachte, sich aufzubäumen, und sich sein Gesicht auf dem Höhepunkt der Lust zur Grimasse verzerrte, löste ich in mir die große Welle aus.

Wie lange dauerte dieses Zwangsprogramm? Zwei Jahre, drei Jahre, vielleicht noch länger. Während dieser ganzen Zeit war das Universum meiner Libido Eindringlingen ausgesetzt. Die Bilder von Jacques und seinen sich an ihn klammernden Sukkuben traten an die Stelle all der vielen Inszenierungen meiner eigenen Person. Die Standardfiguren, mit denen ich bisher meine Masturbationsphantasien bevölkert hatte, vermochten mich nicht mehr zu erregen, und die Geschichten, die ich seit Jahren, einige seit meiner Kindheit, in vielfältigen Variationen ablaufen ließ, wurden komplett verdrängt zugunsten einiger weniger kurzer Passagen, die mir Jacques' Hefte diktierten. Will sagen, es blieb nur noch ein ausgedünntes Repertoire.

Hauptsächlich verwertete ich Szenen aus unserem Haus in Paris und dem im Süden. Wenn der Text der Hefte und der Briefe keine genauen Angaben über den äußeren Rahmen lieferte, ließ ich die erwähnten Treffen dort spielen. Sonst hatte ich die Kulissen meistens aus weit zurückliegenden Erinnerungen zusammengebaut, Häuser und Gärten, die ich besucht oder in Filmen gesehen und im Gedächtnis behalten hatte, oder Orte, die mir vielleicht vertrauter, aber öffentlich waren und sich nur schwer zu Ausschweifungen eigneten; jetzt verengte sich der Raum für meine Phantasiegeschichten auf die Quadratmeter unserer Wohnungen. Bis dahin hatte sich das Tabu, wonach Personen, denen ich in meinem Alltag begegnete, aus diesen Geschichten ausgeschlossen blieben, auch auf den häuslichen Bereich erstreckt; an seiner Schwelle machten meine Phantasien halt. Jetzt war dieses Tabu ebenso wirkungslos wie das andere. Damit beschränkten sich die Szenen auf fünf oder sechs Orte: den Eingangsflur in dem Haus in Paris, den Tresen vor dem Küchenbereich, ein Sofa im Wohnzimmer und ein weiteres in dem Haus im Süden sowie die beiden Garagen in Paris und im Süden. Später kam noch die Wohnung eines unserer engsten Freunde in der Provinz dazu, als ich erfuhr, dass sich Jacques in Begleitung einer der jungen Frauen dort aufgehalten hatte. Die Szenen, die ich in eins der Schlafzimmer dort verlegte, waren vielfältiger und detaillierter als die anderen, entsprechend dem Trauma, das die Entdeckung dieser Episode für mich bedeutete.

Jeder Ort war mit einer bestimmten Stellung verbunden: Auf dem Sofa in Paris nahm Jacques das Mädchen im hellen Tageslicht unter den Fenstern wie eine Hündin, auf dem anderen lag sie auf dem Rücken, ein heller Fleck auf dem blaugrünen Stoff. Ihr Oberkörper zwischen seine Beine geschoben, sein Glied zwischen ihre Brüste gepresst. Inspiriert hatten mich zu diesem Bild nicht die Lektüre seiner persönlichen Aufzeichnungen, sondern zwei oder drei Sätze, die Jacques auf meine drängenden Fragen hin am Telefon hatte fallenlassen und die meine Phantasie umso mehr anregten, als eine solche Praktik bei meiner Körperform nicht möglich war und ich deshalb nie vermutet hätte, dass er diese Art der Lust suchte. In anderen Phantasmen nahm er das Mädchen im Stehen, den Rock einfach nur hochgehoben, hinter dem Tresen oder in der Garage, wo sie sich mit einem Fuß auf das Trittbrett des Geländewagens stützte. Im Flur fickten sie hastig auf dem Betonboden. Ich stand bei diesen Kopulationen immer hinter Jacques, das heißt, ich sah aus kurzem Abstand seinen Rücken und seinen Hintern, ich beobachtete die Bewegung seines Beckens und seiner Hände, wie sie den Hüftspeck oder die Brüste packten. Den Körper des Mädchens, der teilweise verdeckt war, nahm ich viel weniger deutlich wahr, sie hatte nie feste Konturen. Die Szene auf dem Pariser Sofa war die einzige, in die ich mich, zumindest am Anfang, selbst mit einbezog. Die Anordnung war klassisch: Während sie den Oberkörper auf das Sofa drückte, um ihren Unterleib besser zu präsentieren, brachte ich mein Geschlecht in Reichweite ihres Mundes. In dieser Einmischung in ihre Beziehung äußerte sich ganz kurz mein Rachebedürfnis, denn ich sah mich dabei die Handlung bestimmen und den beiden anderen Protagonisten ihre Bewegungen zuweisen, doch dieses Phantasma dauerte nicht lange. In der Wirklichkeit war ich nie diejenige, die das Getümmel anführte.

Am rechten Platz war ich eher in den Szenen, in denen ich, als Zuschauerin und Zuhörerin, verborgen blieb, in denen auf etwas grausame Weise mein Ausgeschlossensein deutlich wurde. Zum Beispiel kam ich unvorhergesehen nach Hause und hörte auf der Treppe, die ins Wohnzimmer führt, die Stimmen und das Gestöhne des Paares; natürlich waren sie zu beschäftigt, um meine Anwesenheit zu bemerken, und ich blieb hinter dem Wandvorsprung stehen, um sie von dort aus zu beobachten. Genau in dem Moment, wenn Jacques den Höhepunkt erreichte, betrat ich das Zimmer. Manchmal, ein subtiler Schnörkel, ließ ich ihn just in der Sekunde kommen, nachdem sie beide durch einen Blick nach hinten meine Anwesenheit entdeckt hatten, wobei der letzte Stoß das zwangsläufige Erstarren bei meinem Anblick noch verstärkte. Doch das beste Versteck war sein Arbeitszimmer, das in einem Zwischengeschoss über dem Wohnzimmer lag, oder, besser noch, der Dachboden mit der niedrigen Decke, zu dem man vom Arbeitszimmer aus gelangt. Von dort hörte ich sie mehr, als dass ich sie sah, und befand mich in meiner Phantasie am gleichen Ort und in derselben Position wie bei meinem unerlaubten Herumstöbern.

In der Szene, in der er zwischen ihren Brüsten masturbiert, klingelte mittendrin das Telefon. Ich stellte mir vor, wie Jacques den Hörer abnahm, um meinen Anruf entgegenzunehmen, und sich mit mir, ohne das Hin und Her seines Schwanzes zu unterbrechen, über belanglose Dinge unterhielt, wie ganz normale Paare es tun, um während einer kurzen Trennung miteinander in Verbindung zu bleiben. Meine Ausgrenzung war total: Physisch war ich nicht anwesend, das Geschehen blieb mir durch Jacques' banales Gerede verborgen – er machte sich über mich lustig –, und da ich persönlich noch nie erlebt hatte, dass er sich auf diese Weise Lust verschaffte, kam es mir vor, als ob er, wie bestimmte Ungeheuer in den Märchen, plötzlich eine unvermutete Seite von sich zu erkennen gab. Schlimmer noch, oder besser gesagt, die Doppelbödigkeit, die ich ihm verlieh, verkehrte die moralische Qualität, die ich ihm immer zugeschrieben hatte, in ihr Gegenteil.

Der Boulevardstück-Charakter dieser wenigen, noch dazu im »hardcore«-Stil realisierten Szenarios wird mir erst heute beim Niederschreiben deutlich. Allerdings hätte mich das, auch wenn es mir damals schon klar gewesen wäre, wohl kaum aufgehalten, denn ich war ja daran gewöhnt, dass meine Masturbationsveranstaltungen am besten liefen, wenn ich mir die klischeehaftesten und ordinärsten Situationen vorstellte. Der Unterschied zum Boulevardstück lag darin, dass es keinen Skandal gab, der den Ausflüchten und Verheimlichungen ein Ende setzte. Die Phantasie brach mit dem Bild ab, das das Signal zu meinem eigenen Orgasmus gab, dem Bild von Jacques in dem Moment, wenn er kam, ein Bild, so präzise, dass es mir weder das Hervortreten seiner gespannten Muskeln noch die Verzerrung seines Gesichts ersparte. Manchmal phantasierte ich danach weiter, entweder weil ich noch nicht voll befriedigt war und meine Gedanken einen Augenblick treiben ließ, bevor ich meine Geschichte wieder aufnahm, oder weil sie, wenn die Erregung abgeflaut war, wieder ihren damals üblichen krankhaften Verlauf nahmen. Dann sah ich mich, wie ich wortlos aus dem Haus ging, Jacques und seine Gefährtin sprachlos zurückließ und lange vor mich hin wanderte, bis ich aus Paris hinaus war; ich lief weiter über freies Feld und brach schließlich vor Erschöpfung zusammen. In einer Variante, die nicht besonders gut an die vorhergehende Episode anknüpfte, verließ ich das Haus nackt, nur mit einem Mantel oder Regenmantel bekleidet, und sogar barfuß, unempfindlich für die Kälte wie für die Unebenheiten der Straße. Diese Entblößung wirkte wie eine Zuflucht, wie ein Schutz. Voyeure sind einsame Genießer, und Masturbierende sind Voyeure, die den riskanten Gelegenheiten zur Triebbefriedigung, die ihnen das Leben vielleicht bieten würde, den Komfort ihrer inneren Bilder vorziehen. Aber beide können sich ihrem Tun nicht hingeben, ohne sich vorübergehend aus der Gemeinschaft zurückzuziehen. Und wenn ihre Heimlichkeit nicht perfekt ist, verurteilt man sie und zwingt sie zu noch mehr Heimlichkeit. Selbst in Situationen, wo ihre Neigung toleriert wird – zum Beispiel bei einer Sexparty –, lässt ein Atavismus den Ausschluss und die Stigmatisierung letztlich zum Bestandteil ihrer Lust werden. Wenn ich mich als verirrte, stillschweigend von zu Hause verjagte Wanderin phantasierte, erreichte ich dann nicht, auch ohne jemals mit der Hand mein Geschlecht zu stimulieren, den Höhepunkt der einsamen Lust?

Es genügte eine schlaflose Nacht in dem Zug von Bukarest nach Cluj, und die meisten Elemente dieser später tausendfach wiederholten Mini-Erzählungen hatten ihren festen Platz gefunden. Wie schade, dass wir unsere Erinnerungen nicht auf die gleiche Weise abrufen können, wie wir ein Museum besuchen. Denn wie wir hingerissen sind von der Primitiven Kunst, weil sie in ihrer formalen Perfektion und expressiven Qualität von vornherein mit der Kunst der späteren Jahrhunderte vergleichbar ist, obwohl man letztere lange Zeit zu Unrecht als Ergebnis der Erfahrung der nachfolgenden Generationen interpretiert hat, genauso könnten wir die Formen und Gestalten bewundern, die unsere Psyche von frühestem Alter an erfindet. Was für die Menschheit im Ganzen gilt, trifft auch auf den Einzelnen zu. Wenn wir uns leichter an die Albträume aus der Kinderzeit und an die Gespenster unserer frühesten Ängste erinnern könnten, wäre es dann nicht ein Trost, eine gerechte Entschädigung, vielleicht sogar ein Grund zum Stolz, wenn wir entdecken würden, wie gut sie bereits damals konstruiert waren? Wären die Obsessionen in unserem Erwachsenenleben nicht erträglicher, wenn wir die Perfektion der ursprünglichen Konstruktionen, die sie nur wieder aufgreifen, bewundern und uns dazu gratulieren könnten, dass wir deren frühe und doch schon so vollendete Urheber sind! Was für eine narzisstische Befriedigung als Entschädigung für all unsere seelischen Leiden! Ich komme wieder auf Salvador Dalí zurück: Wir müssen nicht unbedingt eine so starke Paranoia haben wie er, um seinem Beispiel zu folgen, und statt die Drohungen anderer zu erdulden, täten wir besser daran, uns die Schrecken unserer Kindheit noch einmal durch den Kopf gehen zu lassen und zu bedenken, wie wunderbar konsequent und aussagekräftig sie selbst in ihrer Übertreibung noch sein können. In den folgenden Jahren war es nicht nur so, dass die Phantasmen, die ich gerade resümiert habe, höchstens in Details variierten, sondern sie verquickten sich auch mit sehr viel älteren Mustern. Das entging mir nicht. So reicht eine meiner wiederkehrenden Erinnerungen bis in die Zeit kurz vor der Pubertät zurück. Es war auf einem Sonntagsausflug mit der Familie, die, weil meine Eltern sich nicht verstanden und deshalb niemals zusammen ausgingen, an diesem Sonntag aus meinem Vater und meinem Bruder, meiner Tante und meinen Cousins väterlicherseits bestand. Nach dem Picknick im Park von Saint-Cloud spielten wir Boule. Wir waren viele, und in der Aufregung des Spiels passierte es, dass man mich, als ich an der Reihe war, überging und niemand merkte es, außer mir natürlich, aber ich sagte nichts. Nie habe ich vergessen, was für einen Stich es mir gab, vom Spiel ausgeschlossen, aus der Wahrnehmung der anderen ausgelöscht zu sein, denn mein Leben lang versuchte ich, diesen Schmerz neu zu beleben. Damals brachte ich mich schließlich selbst wieder in Erinnerung, musste es aber nachträglich fast bedauern, waren doch die Entschuldigungen und Tröstungen, die man mir zuteil werden ließ, auch nicht besser als der Schmerz einige Augenblicke zuvor.

Mit dem Zustand zwanghaften Onanierens hatte ich schon Bekanntschaft gemacht – wenn ich an Blasenentzündungen (oder Tripper) litt. Mit einiger Mühe schafft man es, die Reizung in Erregung umzuwandeln. Aber sobald diese vorüber ist, muss man mit der Bewegung von vorn anfangen, denn die Entzündung wird dann noch schmerzhafter. Außerdem findet die so herbeigeführte Lust selten ihre Befriedigung und hinterlässt im Abflauen jedes Mal eine noch größere Leere, ich spürte sie wie eine Wunde, die meinen Körper zu zerreißen drohte. Gewöhnte ich mir wegen dieser Empfindung eine spezielle Art von Bewegung an? Ich reibe nicht nur die Klitoris, ich presse auch die Schamlippen zusammen und drücke sie aneinander, als wollte ich eine Wunde schließen. Bei einer Blasenentzündung führt der Harndrang, den die Entzündung auslöst, zu einer Verlängerung der Erregung, und manchmal scheint es sogar, als könnte die Lust beim Wasserlassen endlich ihre volle Erfüllung finden. Im Zug musste ich sechs- oder siebenmal auf die Toilette. Zum Glück lag unser Abteil am Waggonende, und zur Toilette war es nicht weit. Wenn meine Reisegefährtin trotz meiner Vorsichtsmaßnahmen beim Öffnen der Tür aufgewacht ist, hat sie sicher gedacht, ich sei krank.

Mit dieser dumpfen Stimmung wie nach einem schlechten Traum, die sich auch während des zweitägigen Aufenthalts nicht verflüchtigte, setzte mich der Zug in Cluj ab. Die ersten Einzelheiten, die ich von der Stadt wahrnahm, waren irreal. Aus dem Auto, mit dem mich der Leiter des französischen Kulturinstituts vom Bahnhof abholte, beobachtete ich, dass wir stellenweise auf unbefestigter Straße fuhren; wir begegneten Karren mit einem Kutscher drauf, ein kleiner zusammengesunkener Haufen, der eine Pelzmütze trug. Ich fragte mich, was ich mit meinen Vorträgen über die avantgardistischsten Formen zeitgenössischer Kunst hier verloren hatte. Der Institutsleiter lud mich zu sich nach Hause zum Frühstück ein, das ich gemeinsam mit seinen Kindern einnahm, bevor er sie rasch für die Schule fertig machte. Dann brachte er mich in die Wohnung, die man mir zur Verfügung stellte, in einem Haus weit weg vom Zentrum, einem dieser Wohnblocks, wie sie die kommunistischen Länder noch flächendeckender hervorgebracht haben als unsere. Durch mein Fenster hörte ich ringsum auf den Balkons die Hähne krähen. Auf ein Bad verzichtete ich, weil das Wasser die ganze Zeit über rostfarben aus dem Wasserhahn lief.

Die Altstadt ist sehr schön, gotisch und barock und weiß. In der Fachhochschule für Kunst und Design sprach ich in einem großen Saal mit sichtbaren Holzbalken. Der Saal war voll, und man hörte mir zu, ohne dass es eines Dolmetschers bedurfte. Mit einer der Professorinnen freundete ich mich an. Da ich nach Temeschwar mit dem Auto fahren sollte, beschloss sie, mich zu begleiten, um die Unterhaltung fortsetzen zu können. Für den Rückweg wollte sie dasselbe Verkehrsmittel benutzen, denn der Chauffeur musste den Wagen auf jeden Fall wieder nach Cluj zurückbringen. Ich saß vorn und ließ den Blick über Landschaften schweifen, die von Märchenbuchillustratoren hätten stammen können – eine schmale Straße, die sich zwischen zwei Baumreihen dahinschlängelte ähnlich der, die zu Dornröschens Schloss führt, eine hügelige Bergkette, wie sie der Gestiefelte Kater mit seinen Siebenmeilenstiefeln überquert –, und unterdessen ließ ich ein paar neue Szenen des Romans über Jacques-mit-den-zwei-Gesichtern ablaufen. Das hinderte mich nicht, mit meiner Begleiterin zu diskutieren, denn mit ihrem zurückhaltenden, ruhigen Wesen störte sie mich nicht bei der Ausgestaltung der Episoden, die weniger sexuell, dafür gefühlsbetonter waren als die im Zug. Diese neuen Geschichten waren keine Widerspiegelungen der schriftlichen Schilderungen, zu denen ich Zugang gehabt hatte, sondern völlig freie Erfindungen, so harmlos wie zum Beispiel Küsse und mechanische Zärtlichkeiten zwischen Jacques und seiner Freundin, wenn er sie am Ort ihrer Verabredung traf, Gesten, die sich in Wirklichkeit daran orientierten, wie er und ich uns verhielten, wenn wir zusammen waren. Außerdem vermischte ich solche Visionen, bei denen in der vertrauten Paarbeziehung eine Fremde meinen Platz einnahm, mit anderen, ähnlichen, die das zärtliche Wiedersehen bei meiner Rückkehr von der Reise vorwegnahmen. Und diese Ausschmückung harmonierte mit der resignativen Grundstimmung in den Erzählungen meiner Begleiterin, die mit gleichbleibender Stimme über ihre Forschungen zum zeitgenössischen Kirchenfenster sprach oder über den Benzinpreis, der sich verdoppelt habe, weshalb sie ihr Auto nicht benutzen und damit auch nicht reisen könne, um ihre Kenntnisse zu vervollständigen. Ich versprach, ihr Dokumentarmaterial zu schicken. Ein Über-Bewusstsein hielt das Gespräch in Gang, während sich der durch meine Phantasmen ausgelöste lustvolle Schmerz auf jene besondere Weise in meinem Körper ausbreitete, bei der man nicht recht weiß, ob sich die Eingeweide leicht zusammenziehen oder eher ausdehnen. In der Hitze des Wageninnern ließ ich mich von ähnlicher Glückseligkeit überfluten, wie sie in den Lebensgeschichten der Heiligen beschrieben wird, als Belohnung für all jene, die sich dem Willen Gottes unterwerfen.

Zur Zeit dieser Rundreise waren die Ereignisse vom Dezember 1989 in allen Köpfen noch sehr präsent. Nach Temeschwar zu fahren hieß, an den Ort eines Aufstands und seiner Niederschlagung zu kommen, aber auch an den Ort der makabren Inszenierung, auf die der Aufstand dann hinausgelaufen war, es war wie ein Gang zur Quelle des bräunlichen Wassers, das in mein Waschbecken in Cluj lief, als wollte man der Menschheit am Ende des zwanzigsten Jahrhunderts demonstrieren, dass man definitiv kein klares Wasser finden könne, um die Geschichte reinzuwaschen, wie es schon der Name der Stadt ausdrückte, der sich wie eine Klage anhörte. Dort traf ich eine junge Kollegin wieder, an die ich eine erschütternde Erinnerung bewahrt hatte, denn als ich sie kurze Zeit vorher bei einem Colloquium in Budapest kennenlernte, war sie mitten in ihrem Beitrag von der Moderatorin so heftig angegriffen worden, dass sie vor versammeltem Publikum in Tränen ausbrach. Nur ein junger deutscher Zuhörer und ich trösteten sie nach der Veranstaltung, da wir in dem Zwischenfall vage eine unvermutet aufgetauchte historische Altlast der Beziehungen zwischen Ungarn und Rumänen erahnten. Sie war meine Führerin auf dieser letzten Etappe, blond, ruhig, eine schlanke präraffaelitische Lichtgestalt in der riesigen, dunklen, aber komfortablen Jugendstilwohnung, die sie am Victoriei-Platz bewohnte. Endlich entschloss ich mich, mit dem kleinen Apparat, den ich mitgenommen hatte, ein paar Fotos zu machen. Bei meiner Rückkehr würde ich nicht nur schnellstens die vor meiner Abreise begonnenen Gespräche mit Jacques wieder aufnehmen können; ich würde ihm auch Bilder von der Reise zeigen.

Hätte ich mich noch mehr von meinen Obsessionen freimachen und mich einer Selbstprüfung unterziehen können, dann hätte ich die Empathie, die ich meinen Freunden in Sarajevo und meinen rumänischen Begleiterinnen gegenüber empfand, mit einer Begegnung in Zusammenhang gebracht, die zwei Monate zuvor in dem weit von dort entfernten Buenos Aires stattgefunden hatte (in der Kunstkritik ist man ständig auf Achse). Während des Flugs hatte ich damals Jacques' neuesten Roman, der gerade erschienen war, in einem Zug durchgelesen. Mein Verstand ist nicht immer so scharf wie mein Auge – das zeigt dieser Bericht nur zur Genüge –, doch zumindest kann ich mit einigem Scharfsinn Werke der Literatur oder der bildenden Kunst beurteilen, auch wenn ihre Urheber mir nahestehen. Diese Fähigkeit hängt vielleicht mit meinem Beruf als Kritikerin zusammen, der mir offenbar zur zweiten Natur geworden ist, aber vielleicht habe ich diesen Beruf auch nur gewählt, weil ich in einer nur von Beobachtung gespeisten Welt von Kindheit an gewöhnt war, in meiner Vorstellung zu leben. Und zwar so stark, dass ich angesichts zu bewertender Gegenstände die Beurteilung sozusagen als Außenstehende vornehme. Weil meine Bestrebungen, meine Ziele hauptsächlich einer inneren Welt angehören, bin ich in der objektiven Welt relativ unparteilich, und auf Grund dieser Veranlagung muss ich vermutlich, um besser urteilen zu können, einen Standort außerhalb des Spielfelds einnehmen. Beim Lesen von Jacques' Büchern war mein Kopf immer frei von meiner Verbindung mit ihm, und ich könnte relativ leicht angeben, welches in meinen Augen die Mängel und Marotten wie auch die Qualitäten seines Schreibens sind. Diesmal war ich voll tiefster Bewunderung: Von allen seinen Romanen war dieser der gelungenste und gleichzeitig der ernsthafteste. Der schönste, wie mir schien. Außerdem stellte ich fest, aber ohne dem weiter Bedeutung beizumessen, dass die Person C., die in den vorangegangenen Büchern durchgängig vorkam, verschwunden war.

Kaum angekommen, wurde ich von der dortigen Umgebung vereinnahmt und schloss mich einer Dame an, einer Museumskonservatorin aus Athen, die wie ich zu dem Colloquium eingeladen war. Ich weiß nicht, ob sie älter war als ich, aber wegen ihres mütterlichen Aussehens, ihrer Kostüme und ihres strengen Haarknotens nahm ich sie so wahr. Sie vertraute sich mir an: Seit kurzem war sie verwitwet, sie hatte ihren Mann geliebt und war von ihm geliebt worden, und er starb, kurz nachdem sie geheiratet hatten. Warum war ich dermaßen berührt von ihrem Schmerz, der trotz aller Zurückhaltung durchsickerte, von der eigentümlichen Angewohnheit älterer Frauen, wie eine Schulmeisterin über das Leben zu sprechen, und warum öffnete ihre Gesellschaft in mir eine Schleuse, durch die mein eigenes Leben an Jacques' Seite davonzufließen schien? Sie fragte mich nach diesem Leben und sagte, sie beneide mich, doch weit davon entfernt, mein Glück zu ermessen und Halt im Gedanken daran zu finden, empfand ich mein Leben im Lauf unserer Gespräche als unendlich fern und fast irreal. Dieser Eindruck beherrscht meine gesamte Erinnerung an das Colloquium. Ich sehe mich bei einem Empfang auf einer Terrasse mit Blick auf den Rio de La Plata. Unter anderen Umständen hätte ich mit Begeisterung diese Weite der Welt, die sich uns darbot, genossen, aber während alle fröhlich blinzelnd am anderen Ufer Uruguay zu erkennen versuchten, hielt ich mich abseits und stellte nur fest, wie sehr dem Panorama das Malerische fehlte. Am letzten Tag schenkte mir meine Gelegenheitsfreundin Platten von Tita Merello, Ada Falcon, Azucena Maizani, lauter herzzerreißende Tangos.

Durch die Anteilnahme am Unglück anderer schützen wir uns bisweilen vor dem, was uns, wenn auch undeutlich, selbst bedroht; das Mitleid kann eine Ablenkung sein. Doch ist das Leid einmal da, kann dessen Allgegenwärtigkeit tröstend sein, ja eine geradezu paradoxe Euphorie auslösen. In der Begegnung mit Menschen, die Kummer litten oder das Missgeschick gerade hinter sich hatten, schwächte sich mein Unglück ab, verschwand aber nicht, wie wenn man einen zu starken Kaffee verdünnt, was ihn angeblich noch anregender macht. Mit dem Leid der Welt zu verschmelzen minderte nicht das Leid, von dem ich mich betroffen glaubte, sondern verstärkte es unterschwellig eher noch. Was mich faszinierte und wonach ich mich sehnte bei aller Unruhe, die aus dem Verschwinden von C. hervorkeimte, war vielleicht die tiefe und dauerhafte Liebe im reifen Alter, von der die Frau in Buenos Aires gesprochen hatte. Natürlich halfen mir die Tragödien, die meine Freunde in Ex-Jugoslawien und Rumänien durchgemacht, und die Schwierigkeiten, die sie täglich zu bewältigen hatten, meine eigene Verletztheit zu relativieren, aber der eine oder die andere hatten Worte verwendet, die auch ich benutzt hätte, um von einem ganz anderen Ereignis zu reden; wie auch immer, in diese Worte konnte ich heimlich mein Empfinden hineinprojizieren und es dadurch glorifizieren. Der Ostrazismus, dessen Opfer die junge Rumänin in Bukarest geworden war und an den ich mich erinnerte, als ich sie in Temeschwar wiedertraf, hatte völlig andere Ursachen als das, was bei mir die Vorstellung auslöste, Jacques schiebe mich beiseite, doch ihre Mischung aus Traurigkeit und Kampfbereitschaft förderte vielleicht meine Identifizierung mit ihr, so wie wir im Theater oder im Kino an Figuren mit Geschichten, die nicht unsere eigenen sind, Gefühle und Handlungen delegieren, die wir uns im eigenen Leben nicht erlauben. Allgemeiner gesagt, beobachten wir nicht ständig unseresgleichen, und beobachten wir nicht deren Handeln so, wie ein Autor die Elemente seiner Erzählung verknüpft, indem er seine Empfindungen auf alle Figuren verteilt, damit sie ausdrücken, was ihn selbst beschäftigt, ja sogar seine Konflikte lösen?

Es gibt sogar eine pervertierte Form dieser Phagozytose, die darin besteht, dass man eine fremde Form der Gefühlsäußerung übernimmt, die man sich normalerweise nicht zu eigen machen, die man gern als vulgär bezeichnen oder vielleicht verachten würde. Lange nach diesen Reisen ertappte ich mich dabei, wie ich einmal mit einem Taxifahrer ein fast vertrauliches Gespräch anfing, während ich mich sonst eher an Banalitäten halte. Er war ein wenig zerstreut und erklärte zu seiner Entschuldigung, er habe sich gerade von seiner Freundin getrennt. Ich antwortete, ich hätte kürzlich entdeckt, dass mein Mann mich betrügt. Die Ausdrücke »mein Mann«, was ich nur bei Behörden benutze, und »betrügen«, was ich nur dieses eine Mal in dieser Situation auf mich bezogen angewendet habe, sowie alle meine Antworten auf die Fragen des Mannes und die Fürsorglichkeit, mit der er mich bedachte, verschafften mir das abgeschmackte Vergnügen, mich in ein Klischee fallenzulassen.

Freude empfinden wir umso stärker, Schmerzen umso tiefer, je mehr emotionale Kanäle sie öffnen, durch die dann unkalkulierbar große Mengen an glücklichen oder unglücklichen Erinnerungen, erfüllten oder zerbrochenen Hoffnungen abfließen können. Verwirrt stellen wir dabei fest, dass diese gegensätzlichen und komplexen Gefühle unser Leibesinneres gleichermaßen in Mitleidenschaft ziehen, ja dass sie genauso wirken wie die elementarste aller Reaktionen, nämlich die Angst angesichts einer äußeren Gefahr. Man könnte sagen, unsere Eingeweide arbeiten mit einer primitiven Software, die die neuen, komplizierten Programme unseres Gehirns nicht erkennen kann und sie einfach in einen Satz elementarer Zeichen übersetzt. Manche Menschen somatisieren auf unerwartete Weise, zum Beispiel mit plötzlichem Haarausfall oder mit seltsamen Allergien. Aber die meisten Menschen kennen häufig nur eine Reaktion der Eingeweide, die zwischen Angst, Glück und Unglück nicht unterscheidet. Lange Zeit konnte ich keinen Vortrag halten, ohne dass mich mein Verdauungstrakt einige Minuten vorher zu einem Umweg über die Toiletten zwang. Aber eine Tragödie ohnegleichen wie der Tod eines geliebten nahestehenden Menschen übte, kurz nachdem ich die Nachricht erhalten hatte, auf meine Eingeweide die gleiche Wirkung aus. Müssen wir uns unseres Körpers schämen, weil er die Hierarchie der Gefühle, die wir als denkende Wesen aufgestellt haben, nicht kennt und sie alle unterschiedslos vermanscht? Oder sollen wir uns im Gegenteil beglückwünschen, weil uns unser Körper unter Missachtung der moralischen, emotionalen und sogar intellektuellen Werte, die diese Gefühle letztlich überlagert haben, zur Vernunft ruft und uns an die wahre Dimension unserer Natur erinnert, die, wenn sie aus dem Gleichgewicht gerät, auch alle diese Werte durcheinanderbringt? Die Entdeckung, die mich in den Tagen vor meiner Abreise erschütterte, hatte mich in eine heftige innere Verwirrung gestürzt, die mir auf die Eingeweide geschlagen war. Und in dieser allgemeinen Verwirrung hatte ich meinen Erwachsenenhabitus eingebüßt und teilweise den Zustand der Undifferenziertheit wiedererlangt, der die ersten Lebensmonate kennzeichnet. Kurz, ich muss im Bad gewesen sein und vergessen haben, die Klospülung zu bedienen.

Zufällig kehrten Jacques und ich im Abstand von wenigen Minuten von unseren Reisen zurück, und ich kam herein, als er gerade seinen Koffer aufklappte. Die Szene spielte sich folgendermaßen ab: Ich öffne die Tür und sehe ihn am Ende des dunklen Flurs, wie er sich im Licht des Zimmers umdreht. In seinen Augen liegt viel Zärtlichkeit und seine Lippen zeigen eine Spur von Erwartung. Ich sage nichts, gehe zu ihm, lehne mich an seine Schulter und schluchze los, was mir vorher noch niemals passiert ist; er küsst mich und wiederholt dabei immer wieder »mein Liebling«, auch das ein Ausdruck, den er nicht oft benutzt. Und dann, nach einer Weile, als ich aufgehört habe zu weinen, fragt er mich, ob ich vor meiner Abreise krank gewesen sei. Nein, war ich nicht. Da gibt er mir zu verstehen, in welchem Zustand er die Kloschüssel vorgefunden hat. Er sagt es mir behutsam, freundlich und ist beruhigt, als ich ihn erstaunt ansehe.

Die verschwundene C.

Über eine Wendeltreppe aus Metall gelangt man in Jacques' Arbeitszimmer. Monatelang hat diese Spirale eine starke Anziehung auf mich ausgeübt, gegen die ich ständig ankämpfte, doch leider erwies sich mein Widerstand fast immer als zu schwach. Es genügte, dass ich allein zu Haus war und die Treppe mir bei meiner jeweiligen Beschäftigung in den Blick geriet. Da sie sich gegenüber der Badezimmertür befindet, kam ich notgedrungen mehrmals am Tag in ihre Nähe. Mit einiger Anstrengung konnte ich vorbeigehen, ohne hinzusehen, doch auf der Schwelle zum Badezimmer angelangt, machte ich sehr oft kehrt und wandte mich der Treppe zu. Nach kurzem Zögern stieg ich schnell hinauf, so als wollte ich es hinter mich bringen. Ich bewegte mich nicht wie ein Roboter, eher wie ein Untergebener, der gewissenhaft die Aufgabe ausführt, die man ihm übertragen hat. Ein Avatar meiner Person hatte kurz mit seinem Gewissen gekämpft und schließlich eine Entscheidung getroffen, ein anderer schritt ohne weiteres zur Tat. Und wie schon gesagt, Pandora wühlte nicht herum, sondern ermittelte sorgfältig.

Ich zögerte nicht, weil ich Skrupel hatte. Solange ich mich außerhalb des Anziehungsbereichs befand, nahm ich mir jedes Mal fest vor, dem Impuls nicht mehr zu folgen: Meine Indiskretion war widerwärtig; zu Recht könnte Jacques, wenn er davon erführe, über diesen Einbruch in seine Privatsphäre tödlich verletzt sein. Doch das waren Gedanken eines etwas aufgesetzten Überichs, eines Katechismus, auf den ich mich berief, wohl wissend, dass ich ihm im Grunde keine Geltung zugestand. Ich war auch klar genug bei Verstand, um Jacques' Verhalten aus der Perspektive meiner eigenen sexuellen Praxis zu betrachten, mit dem kleinen Unterschied, dass mein Bewusstsein mit einem stereotypen Ich (der Untreuen, die ihrerseits Opfer einer Untreue wird) eine Grundsatzdiskussion führte (»mit welchem Recht wirfst du Jacques vor, was du dir selbst herausnimmst?«). Dieses Stereotyp fabrizierte mein Bewusstsein auf genau die gleiche Weise, wie die Moralapostel zum Teil die Sünder erfinden, denen sie dann predigen. Noch nie hatte ich mich so tief in die Klischees verstrickt, die uns unsere Kultur als Naturgesetze aufdrängt – ob wir sie nun, oft sehr vereinfacht, Romanen entnehmen oder den schlimmsten Klatschgeschichten, die nichts weiter sind als deren trivialste Form. Mitunter tat ich es bewusst, wie in dem Beispiel mit dem Taxifahrer. Andere Male schlich sich das Gerede hinterrücks in meine eigenen Gedanken ein. In meinem tiefsten Innern war ich nie im Geringsten versucht, Jacques sein sexuelles Verhalten vorzuwerfen. Wenn ich Ressentiments verspürte, dann aus anderen Gründen, von denen später die Rede sein wird. Ich befürchtete nicht einmal, dass Jacques mir meine zwanghafte Indiskretion übelnehmen könnte. Ich verhielt mich als Freigeist: Es gab kein höheres Prinzip, nach dem mein Handeln zu verurteilen oder zu verbieten war.

Nicht das Schuldgefühl also fürchtete ich, nur das Leiden, das das Ergebnis meiner Nachforschungen hervorrufen würde. Und trotzdem! Brachten sie kein Ergebnis, war ich noch lange nicht erleichtert. Ich empfand es nicht als Beruhigung. Stand ich mit leeren Händen da, sah ich nur eins: das nächste Mal weiterzusuchen.

Erfüllte sich die Erwartung, weil ich einen unmissverständlichen Brief geöffnet hatte oder ein neuer weiblicher Vorname aufgetaucht war, kam es zu einer grausamen physischen Reaktion. Mein Körper wurde von einer trockenen eisigen Welle erfasst. Alle, die schon einmal nach Beweisen für ihre schlimmsten Befürchtungen gesucht haben, kennen das: Wenn sie die Antwort auf die vermeintlich offene Frage, die sie umtreibt, erhalten, weicht ihnen plötzlich das Blut aus den Adern. Denn entdeckt haben sie den Beweis nicht erst in dem Moment, unterschwellig waren sie schon vollauf damit beschäftigt; was sie trifft wie ein Schlag, ist die Aktualisierung des Beweises, der Übergang von der Phantasie zur Realität. Sie geraten außer sich vor Schreck, nicht nur über die Realität, sondern weil sie alles vorher gewusst haben. Sie leiden darunter, einen Verrat aufgedeckt zu haben, und sie leiden an der außerordentlichen Kraft ihrer Intuition. Hat diese Fähigkeit, das Unwahrscheinliche zu erraten, nicht etwas Unmenschliches, und ist es nicht das schlimmere Unglück, dass man es trotzdem nicht verhindern konnte? In solchen Augenblicken erlebte ich sehr deutlich eine Persönlichkeitsspaltung. Weil ich mich nicht als diejenige akzeptieren konnte, die die vernichtende Wahrheit schon im Voraus erfasst hatte, wurde ich zu deren Zuschauerin. Mein Blut, dass aus mir zu entweichen schien, und mein Leib, der sich, wie ich spürte, ebenfalls entleeren wollte, nahmen nur den Fluchtversuch meines Geistes vorweg. Wenn mir die Glieder zitterten, dann deshalb, weil es kein Fließen mehr gab, das sie zusammenhielt. Wenn ich meinen Arm oder meine Hand anfasste, hatte ich nicht den Eindruck, etwas zu berühren, das zu mir gehörte. Lieber wollte ich diesen Körper verlassen, der mich in einer solch unerträglichen Realität verankerte. Mehrmals war das Gefühl so heftig, dass mir die Beine versagten. Hatten die ersten Fotos, die ich auf Jacques' Schreibtisch fand, und die anfängliche Lektüre der Tagebuchseite in dem Moment nur eine schwache Reaktion hervorgerufen, brachte mich später die bloße Bestätigung meiner damaligen Vermutung mehrfach an den Rand der Ohnmacht.

Das Material war reichhaltig. Die Paläographin exhumierte Manuskripte, in deren Entzifferung sie sich vertiefte, bis sich der Wald der Zeichen über ihr schloss. Die ersten aufgelesenen Bruchstücke ließen Geschichten erahnen, die die Vorstellungskraft beflügelten und zum Weitermachen reizten. Ich fand etwas bestätigt, was ich gut kannte, dass nämlich heimliche Verbindungen gern einen romanhaften Verlauf nehmen. Die Heimlichkeit setzt Phantasie frei und die Liebenden kompensieren den Mangel an gemeinsam verbrachter Zeit mit einer Verkomplizierung der Umstände, was sie wiederum von der Intensität ihrer Verbindung überzeugt. Ein Beispiel: Ihre Briefe und sein Tagebuch fügten sich zum Szenario eines ersten Treffens. Als sie sich noch kaum kannten, gab sie ihm das Manuskript einer selbst geschriebenen erotischen Erzählung zu lesen. Dann verabredete sie sich mit ihm unter Verheimlichung ihrer Identität bei sich zu Hause. Er fand die Tür offen und erkannte aus der Anordnung der Räume die in der Erzählung beschriebene Wohnung wieder. Im Schlafzimmer wartete sie bereits, nur mit einem Morgenrock bekleidet, auch das wie in der Erzählung. Ich brauchte diesen vorgegebenen Stramin nur noch zu besticken.

Andere Hinweise ließen mir größeren Erfindungsspielraum. Anspielungen auf banale Alltagsereignisse brachten mich auf die Spur einer längeren Geschichte. Da ich mein Untersuchungsfeld ausgeweitet hatte, fand ich in Jacques' Telefonbuch die Nummer von L.'s Eltern. Das hieß, seine Beziehung zu der jungen Frau war so eng, dass ihre Familie ihn kannte und er dort empfangen wurde, vielleicht wie ein Schwiegersohn.

Wenn ich in seinen Notizkalendern eine Verabredung mit dieser Frau entdeckte, sah ich in meinen eigenen Kalendern nach, was ich selbst an dem gleichen Tag um die gleiche Zeit gemacht hatte. Vor diesem Hintergrund rekonstruierte ich das Treffen. Wenn sich Jacques während der Zeit, in der ich anderweitig in Anspruch genommen war, nicht dort aufhielt, wo ich ihn hätte vermuten können, dann führte er sozusagen ein Doppelleben; ahnungslos und vertrauensvoll, wie ich damals war, spürte ich mein Ausgeschlossensein aus seinem zweiten Leben nahezu körperlich.

Ich habe Archäologen bei ihrer Arbeit zugeschaut. Mit Hilfe von Bindfäden unterteilen sie das Terrain in Quadrate von weniger als einem Meter Seitenlänge, und jeder durchschürft mit einem Teelöffel sein Quadrat. Selbst eine nur fingernagelgroße Tonscherbe entgeht ihnen nicht. Genauso ging ich in dem von Jacques bewohnten Bereich vor. Wenig ordentlich, lässt er ständig im ganzen Haus mehr oder weniger zerrissene vollgekritzelte Zettel herumliegen. Das ist mir schon immer auf die Nerven gegangen. Ich wage sie nicht wegzuwerfen, aus Angst, sie könnten eine Telefonnummer oder Notizen enthalten, die er später suchen wird. Jetzt gewöhnte ich mir an, sie zu glätten und zu lesen.

Da das Fach, in dem die Korrespondenz aufgehäuft war, nicht mehr viel hergab, inspizierte ich die Schreibtischschubladen. Dort bewahrte er lose Fotografien auf. Zu den Namen, denen ich ein Gesicht zuordnen konnte, weil ich diesem ein paar Mal begegnet war, kamen Gesichter und Körper ohne Namen. Auf einer weißen Unterlage sah ich Negative durch. Manchmal nahm ich eine Lupe zu Hilfe. Eine Serie von Aktfotos mit herausgeschnittenen Gesichtern blieb mir ein Rätsel, weil ich natürlich keinerlei Chance hatte, die Person zu erkennen, aber auch weil ich mich fragte, was Jacques veranlasst haben mochte, die Identität des Modells zu vertuschen. Seinem Wesen entsprach das nicht. Obwohl ich mir allmählich eingestand, dass mir ein Teil seines Lebens verborgen war, ging ich nicht davon aus, dass es für alle verborgen war. Tatsächlich führte er ja gar kein Doppelleben – die Leichtigkeit, mit der ich Spuren entdeckte, die Nachlässigkeit, mit der er sie, jeder Neugier zugänglich, liegen ließ, bewiesen das –, er hatte ein einziges Leben, sein Leben mit mir spielte sich an dessen Rand ab.

Mir entging nicht, dass meine inquisitorische Hartnäckigkeit Züge einer Sucht annahm. Symptome dafür waren die immer häufigeren Wiederholungen meines Tuns und das Bedürfnis nach immer heftigeren Schmerzen. Bald reichten mir die zufällig gefundenen Zettel nicht mehr, ich suchte in seinen Taschen. Ich beging zwei oder drei Diebstähle: Das eine war ein Blatt aus einem Notizblock, das eine Art Mini-Wörterbuch in weiblicher Handschrift enthielt und, wie ich annahm, die Übersetzung von Jacques' Vornamen ins Polnische angab und, wenn ich mich richtig erinnere, die einiger Wörter aus dem erotischen Vokabular; das andere war die offenbar schon vor längerer Zeit aufgenommene Fotografie einer nackten jungen Frau, die ich erkannte. Beides behielt ich, nicht um sie Jacques vorzulegen und ihn damit zu überführen. Sie landeten in dem Durcheinander meiner eigenen Schubladen. Von Zeit zu Zeit holte ich sie hervor, um sie mir anzusehen, obwohl weder aus der kurzen Wortliste noch aus dem Bild der hübschen nackten Frau in einem anonymen Hotelzimmer viel herauszuholen war. Ihre einzige Funktion bestand darin, den Schmerz auszulösen, dem ich mich dann völlig überließ. Diese Hingabe an den Schmerz war immer noch das unfreiwillig gesuchte, sicherste Mittel, um mich von der Qual der Mutmaßungen zu befreien und die Diskussionen zu beenden, mit denen ich Jacques in meiner Vorstellung drangsalierte, oder auch um die verschlungenen Rachegedanken zu vergessen. Mit greifbaren Beweisen in der Hand konnte ich mir eine Atempause gönnen. Die traurige, aber volle Gewissheit erlöste mich vom Hinundherwälzen des Verdachts.

Der Ermittler sucht mit der ihm eigenen Logik nach der Verbindung zwischen Fakten, die nicht zwangsläufig in einem logischen Zusammenhang stehen. Nach diesem Prinzip machte ich mich an eine wortwörtliche Exegese von Jacques' Büchern. Ich sah sie nochmals durch und belebte jede noch so flüchtig angedeutete Frauenfigur und jede beschriebene erotische Szene mit den physischen Details, die ich den Briefen und Tagebüchern entnahm. Die Szenen, die sich in einem mir vertrauten Rahmen abspielten (im Garten des Hauses von Maillol in Banyuls, im Carroussel in Paris), interpretierte ich als getreue Wiedergabe der Wirklichkeit. Dabei entspricht diese Sorgfalt gegenüber dem Gegenstand vielleicht meiner Art, in Kritiken Kunstwerke zu beschreiben, aber gewiss nicht Jacques' Arbeitsweise, denn er ist absolut kein realistischer Autor! Verglichen mit den präzis gestalteten anderen Protagonistinnen, erschien mir C. nur noch als abstraktes Zeichen, als leere Muschelschale.

Beim selektiven und verwirrten Wiederlesen blieb mein Blick an den Passagen hängen, in denen ich die Gegenden wiederzuerkennen glaubte, wo wir gewöhnlich spazierenfuhren, wo er Fotos von mir aufgenommen hatte, wo wir uns geliebt hatten, oder auch an Textstellen, die möglicherweise auf Bewegungen anspielten, die typisch für mich waren. Ich las ökonomisch wie ein schlechter Schüler, der ein Buch diagonal liest und dabei instinktiv die einzigen Passagen herausfindet, die für seinen Aufsatz nützlich sind. Doch bald verflüchtigten sich diese Anhaltspunkte. Jacques' Bücher waren wie auf Löschpapier gedruckt, das die Zeichen, die ich zu erkennen geglaubt hatte, aufsaugte und zunichte machte. Wenn eine Figur, die nicht mit mir identisch sein konnte, in eine mir vertraute Umgebung gesetzt wurde, wenn die Darstellung in einem Detail von meiner eigenen Erinnerung an die Orte und Dinge abwich, dann ging mein Leben in sie ein und löste sich darin auf. Solange es darum ging, mir einen Körper vorzustellen, funktionierte die Methode. In die Beschreibung eines Rückens projizierte ich meinen eigenen. Doch beim Hintern klappte es nicht mehr.

Mein Bild von mir verschwand in der Seite und machte dem Bild einer anderen Platz.

Beim Lesen von Jacques' Büchern hatte ich, wie es die meisten Leser tun, wenn ein Roman in der ersten Person geschrieben ist, dem Erzähler immer seine Züge gegeben, gleichgültig, ob sich die erzählten Ereignisse von denen, die ich für eigene Erlebnisse des Autors hielt, sehr unterschieden oder nicht. Doch niemals hatte ich mir die Frage gestellt, ob diese Romane eine mehr oder weniger verborgene Realität enthielten. Ich stellte mir überhaupt keine Frage, weil ich von vornherein seiner Arbeit gegenüber eine quasi professionelle Haltung einnahm. Ich gehöre nicht zu den Kritikern, die Vorschriften machen, die sich mit den Künstlern auf gleiche Augenhöhe stellen und mit Ratschlägen zu ihrem Werk und manchmal sogar zu ihrer Lebensweise in deren Schaffensprozess eingreifen. Ich beschränke mich auf die Betrachtung des Resultats; ob dieses mir gefällt oder nicht, ich bin der Meinung, dass die intellektuellen oder existentiellen Gründe, aus denen es hervorgeht, einem absolut persönlichen Bereich angehören, in dem sich der Künstler, der Schriftsteller jedem Einfluss entziehen muss. Vielleicht hatte ich Jacques gegenüber diesen Abstand auch deshalb gewahrt, weil er selbst sich über sein Werk und seine Motivationen kaum äußerte und mir keinen seiner Romane jemals vor dem Erscheinen zu lesen gab. Und noch etwas mag eine Rolle gespielt haben. Als wir uns noch kaum kannten und er eine Zeitlang regelmäßig Berichte für eine Kunstzeitschrift schrieb, hatten wir in einer intellektuellen Kontroverse öffentlich auf entgegengesetzten Seiten gestanden. Daher hatte das Gefühl überdauert, dass wir bei allem, was uns im Leben einander nahebrachte, und über allen durchaus stattfindenden Austausch hinaus im engeren Rahmen unserer Arbeit unabhängig voneinander unseren Weg gingen. Ich stellte mir nicht einmal Fragen über die mit C. bezeichnete Person. Sicher freute ich mich sehr, sie wiederzuerkennen. Die zerkratzten kleinen CDs überall in den Büchern, das war ein Augenzwinkern über die Masse der Wörter hinweg. Aber ich versuchte nicht herauszufinden, ob Jacques etwas über mich, eventuell auch zu mir sagen wollte. Ein einziges Mal machte ich mir Gedanken, weil die Erzählung C. in erotische Abenteuer in Japan stürzte und ein japanischer Gesprächspartner, mit dem ich zusammenarbeitete, in meiner Gegenwart lächelnd darauf anspielte. Allgemeiner gesagt, bei einer Anspielung auf ein gemeinsam erlebtes Ereignis oder gar auf ein Ereignis, von dem ich ihm erzählt hatte, beachtete ich nur dessen anekdotischen Charakter, der mich überraschte oder amüsierte. Speziell erinnere ich mich an einen Fick auf einer Kühlerhaube, den ich zu meinem großen Erstaunen wiederfand, Jahre, nachdem ich ihm davon erzählt und es schon längst vergessen (verdrängt?) hatte. Doch niemals hätte ich ihn nach den Gründen gefragt, weshalb er eine Sache statt einer anderen auswählte. Dazu musste C. erst aufhören zu zwinkern.

Trieb

Die schönsten Mosaiken wie die raffiniertesten Intarsien waren nie so besonders nach meinem Geschmack. Selbst wenn sie Räume perspektivisch darstellen, wie die komplizierten Intarsien im *Studiolo* des Palazzo Ducale in Urbino, wo ein und dieselben bearbeiteten Flächen den Besucher mit einer vorgetäuschten Architektur aus Pilastern und Gesimsen umgeben und ihm gleichzeitig Nischen und Schränke voller Bücher und seltsamer Gegenstände vorgaukeln, in denen sein Blick stöbern, aber auch Fenster, durch die der Blick in eine Ebene hinausschweifen möchte, selbst dort kann ich nicht davon abstrahieren, dass sie aus einer Vielzahl von kleinen, fest nebeneinandergesetzten Elementen bestehen. Es gibt keine Luft dazwischen; den illusionistischen Wanddurchbruch nehme ich nur mit Mühe wahr, und die Darstellung erscheint mir starr, so undurchlässig wie ein gewöhnlicher Fliesenbelag.

Die aus der Tiefe von Jacques' Taschen und Schubladen aufgetauchten Chimären nisteten sich nicht nur in den Kulissen meines Onanierens ein, sie besetzten alle freien Räume meines Denkens. Sie zerstörten das Sich-treiben-lassen, den Zufall, die Hoffnung, alles, was eine Spur von Spielerischem in die mechanischen Abläufe des Alltags bringt. Weder vor dem Einschlafen noch vor dem Aufstehen ließen sie mich aus ihren Klauen; die geringste Ähnlichkeit einer vorübergehenden Frau auf der Straße mit einer von denen, die Jacques frequentierte, oder ein Gegenstand in einem Schaufenster – ein Buch, von dem zwischen ihnen die Rede gewesen war, ein Schmuckstück, von dem ich mir auf Grund einer Interpretation ihrer Persönlichkeit vorstellte, dass sie dergleichen tragen könne – setzte sogleich die Fortsetzung der Erzählung in Gang. Ich wartete nur darauf, wieder in sie einzutauchen, und plante dafür eigens Augenblicke der Passivität in meinen Tagesablauf ein. Die Wege zwischen Zuhause und Büro boten geeignete Ruhephasen, die sogleich mit Beschlag belegt wurden. Ich vernachlässigte meine gewohnten Lektüren. Ich verlor das Interesse an den Menschen, die sich müde in der Metro drängten, obwohl ich doch bis dahin den Zustand der Erschöpfung gern mit ihnen geteilt hatte. Mich überkam eine ähnliche Scham, wie ich sie im Zusammenhang mit der Masturbation beschrieben habe: Die Anwesenheit anderer wirkte störend. Ob der Unbekannte neben mir auf der Bank nun durch Niesen oder durch etwas zu lautes Sprechen meine Aufmerksamkeit wieder auf sich lenkte, es ärgerte mich. Er unterbrach meine Träumerei, zwang mich zum Zurückspulen des Films. Schon seit längerer Zeit hatte ich jede sexuelle Beziehung mit dem erwähnten launischen Liebhaber aufgegeben, und diese Obsession trat genau an die Stelle der Phantasien, mit denen ich den Mangel an Verabredungen mit ihm kompensiert hatte. Doch im Unterschied zu diesen wie zu all den verschwommenen Fiktionen, die mich so gut durch mein ganzes Leben getragen hatten, war ich jetzt nicht mehr die Protagonistin; nicht einmal Zuschauerin war ich, auf die eine Hauptdarstellerin durchaus Rücksicht zu nehmen hat; ich war die Statistin, die von der Hauptdarstellerin ignoriert, verachtet wird. Ich träumte nicht mehr mein eigenes sexuelles Leben, ich träumte das von Jacques. In meiner Handtasche hatte ich immer ein leichtes Beruhigungsmittel. Wurde der Schmerzdruck zu stark, schob ich mir heimlich eine Tablette auf die Zunge; das genügte, um mir die Beklemmung zu nehmen. Ich hatte etwas von einem Alkoholiker, der mit dem reinsten Gewissen der Welt behauptet, nur ein Glas bei Tisch zu trinken, und gleichzeitig dafür sorgt, dass in verschiedenen Ecken, hinter Wäschehaufen oder Stapeln von nicht mehr benutztem Geschirr eine Reserve an Flaschen versteckt ist. Wie hätte ich mir Heilung wünschen sollen, wenn doch die Obsession, die den Raum meiner Vorstellung ausfüllte, mir gleichzeitig die einzig mögliche Perspektive eröffnete: den Ausblick in die unendliche Ebene, das zu erschließende Territorium von Jacques' Leben?

Ich verfügte über genügend Informationen, um mir Jacques unter vielerlei Umständen vorstellen zu können, nicht nur in erotischen Episoden: Reisen, von denen ich wusste, dass sie stattfanden, aber nicht ahnte, dass sie neben dem erklärten Ziel auch noch den Zweck verfolgten, einige Tage in Begleitung einer Frau zu verbringen, Abendessen, Einladungen, zu denen er mit der einen oder anderen gegangen war, bei Freunden, die ich gut kannte, oder bei mir unbekannten Menschen, von denen ich gar nicht vermutete, dass er sie kannte, was um seine Person herum ein Netz von Aktivitäten und Beziehungen spannte, zu denen ich physisch keinen Zugang hatte – all dies rief bei ihm ein unaufhörliches Echo von ebenso banalen wie geheimnisvollen Gesten, Worten und Gewohnheiten hervor, die ich problemlos zusammenfügte. Zwei-, dreimal versuchte Jacques, der nicht meine Chronistengenauigkeit hat, mir einen Abend, bei dem ich nicht dabei war, in Erinnerung zu rufen, in der Überzeugung, er sei dort mit mir gewesen. Nach reiflicher Überlegung hätte es mich trösten können, dass in seinem Gedächtnis ein Widerschein meiner Person den einer anderen überdeckte. Doch was sich unmittelbar aufdrängte, war eine andere Deutung. Die große Blase unseres gemeinsamen Lebens schrumpfte immer mehr zusammen, und Jacques' Verwechslung öffnete ein weiteres winziges Ventil, durch das wieder ein wenig von der gemeinsam geatmeten Luft entwich. Ich spürte physisch, so viel kann ich sagen, wie sich in einem Winkel meines Körpers, nachdem die Luft ausgetreten war, das Ventil wieder schloss.

Von nun an lebte ich in einem Käfig, von dem aus ich Jacques kommen und gehen und sporadisch am Horizont verschwinden sah, ohne ihn erreichen oder seinen Raum mit ihm teilen zu können. Wenn er einen Anruf entgegennahm und sich bei Beginn des Gesprächs von mir entfernte, nicht ohne sogleich zur Sicherheit klarzustellen: »Ach! Hallo! Catherine und ich sind gerade dabei …«, oder wenn er gleich wieder auflegte, fluchend, weil sich angeblich jemand verwählt hatte, dann stand für mich außer Zweifel, dass eine seiner Freundinnen ihn zu erreichen versuchte, und nach zwei, drei Worten, die meine gespitzten Ohren aufgeschnappt hatten, ordnete ich dieser Frau sofort eine bestimmte Identität und physische Erscheinung zu. Spontan produzierte meine Vorstellung allerdings stets das gleiche Roboter-Porträt, eine Verschmelzung verschiedener Modelle anhand vager Erinnerungen, wenn ich ihr schon begegnet war oder sie auf einem Foto gesehen oder wenn ich bei Jacques eine Beschreibung ihres Körpers gefunden hatte: ein sehr junges Mädchen, etwas dicklich, mit dunkelblondem Haar ... Wie beim Durchsuchen seines Arbeitszimmers ging mein Atem schneller und mein Herz fing an zu rasen.

Der Käfig wurde immer enger. Eines Tages kam Blandine zu uns nach Hause, um ein paar kleine Szenen für einen Film zu drehen, an dem sie gerade arbeitete; sie brauchte eine Umgebung, wie unser Haus sie bot, und die Mitarbeit von Jacques. Ich zog mich in einen winzigen Raum zurück, den ich zu der Zeit als Arbeitszimmer benutzte. Plötzlich steckte Jacques den Kopf zur Tür herein und bat mich, zu ihnen zu kommen und eventuell ein paar Repliken zu übernehmen. Diesen Schritt fand ich unerhört grausam. Allenfalls konnte ich Blandine die Haustür öffnen, ihr guten Tag sagen, aber ich konnte nicht den Raum betreten, den sie gemeinsam mit Jacques besetzte, als wohnte er immer noch in dem kleinen Apartment, wo wir uns in einer inzwischen fernen Zeit zum ersten Mal voreinander entblößt hatten und wo sich tatsächlich nicht drei Personen hätten aufhalten können, ohne einander zu behindern. Ich lief Gefahr, direkt in den Raum meiner Albträume hineinzukippen. Gewiss hatte ich von keinem von beiden eine zweideutige Haltung zu befürchten, die mir unangenehm hätte sein können, aber im Nachhinein denke ich, in Schrecken versetzt hat mich vielleicht eher das Risiko, ich könnte die Ausgeburten meiner Phantasie an ihnen als realen Personen festmachen. Wer weiß, ob nicht ich sie auf das Sofa gedrängt hätte, damit sie den tausendmal phantasierten Geschlechtsverkehr vollzögen, um mich dann zurückzuziehen, stillschweigend hinausgejagt, wie es eines meiner Szenarien vorsah. Schließlich war ich durch meine Vergangenheit an solche Situationen gewöhnt und hatte zum Beispiel auf mehr oder weniger improvisierten Sexpartys die Hilfskupplerin zu spielen gewusst, die eine Frau einem Mann zuführt. Zwei- oder dreimal hatte ich dieses Spiel mit Jacques gespielt und einen Dreier mit einer Freundin von mir angestiftet; es waren übrigens die wenigen Male, wo ich meine Rolle nicht bis zum Ende durchhalten konnte, sondern schließlich aggressiv wurde. Ob ich damals die Szene wirklich provoziert hätte und ob meine Phantasievorstellung, statt melodramatisch meinen Ausschluss auszukosten, wieder auf diese erbärmlichen Erinnerungen gestoßen und scheiternd abgestürzt wäre? Wahrscheinlich wäre nichts passiert, und in dem Fall hätte ich vor der Notwendigkeit gestanden, meine Hirngespinste aufzugeben und mich der paradoxen Realität des falschen Scheins anzupassen: Jacques und Blandine hätten sich mit ihrem Verhalten auf meine Anwesenheit eingestellt, und ich hätte heuchlerisch so getan, als ahnte ich nichts. Zögern wir beim Erwachen aus einem schlechten Traum nicht manchmal, die Augen zu öffnen, nicht aus Furcht, er könne sich fortsetzen, sondern im Gegenteil aus Scheu, ihn aufzugeben, weil wir im Grunde den Kokon eines gedämpften Leidens nicht verlassen, sondern dieses lieber so lange wie möglich im Bereich des Halbbewussten halten wollen, da wir in einem noch verborgeneren Winkel unserer Psyche wissen, dass es ohnehin unvermeidbar ist? All das stand mir natürlich nicht vor Augen, als ich auf Jacques' Bitte nur stumm mit einem entsetzten Gesicht reagierte, das ihn ärgerte. Ich blieb einfach an meinem Computer sitzen.

Jacques und seine Gespensterschar eroberten den Ort, so dass ich kaum noch über die Aura meines eigenen Körpers verfügte. Haare, die ich in einem meiner Motorradhelme fand, so lang, dass sie nicht von mir stammen konnten, hinderten mich, diesen Helm weiter zu tragen. Von da an sah ich mir selbst dabei zu, wie ich beim Öffnen der Garagentür, wenn wir von einem Ausflug heimkamen, mechanisch die Handgriffe machte – Schlüssel umdrehen, Öffnen des ersten Flügels, Hochziehen des Riegels aus dem Boden, der den zweiten Flügel blockierte, Herunterziehen des oberen Riegels, wobei ich mich auf die Zehenspitzen stellte, schließlich vollständiges Öffnen des Flügels, damit das Motorrad durchfahren konnte –, und ich sah, wie ich dabei in die Gestalt einer anderen schlüpfte, die bei ihrem Aufenthalt in unserem Haus zweifellos die gleichen Bewegungen gelernt haben musste. Noch heute führe ich diese Bewegungsabläufe nicht selten mit der Sorgfalt einer Schauspielschülerin aus, die so exakt wie möglich die Haltungen nachahmt, die der Lehrer ihr gerade vorgeführt hat, oder sich sogar hinter ihn stellt, um sie wie ein Schatten unmittelbar zu produzieren. Selbst das Bad wurde zum besetzten Gebiet. Vor langer Zeit hatte mich Jacques gebeten, nach dem Duschen den Badewannenrand trockenzuwischen, weil er fürchtete, Wasser könne in die Wand einsickern. Immer hatte ich sorgfältig und mechanisch gewischt, bis ich mir eines Morgens die

Frage stellte, ob den anderen eventuellen Badbenutzerinnen das Gleiche nahegelegt worden war und ob sie sich daran hielten. Von diesem Tag an wischte ich jedes Mal, nachdem ich meine Toilette beendet hatte, mit einer anderen zusammen, oder vielmehr, sie wischte vor mir. Danach war ich immer minutenlang niedergeschlagen. Von dieser Vorstellung absorbiert, konnte ich meinen Körper zu keiner Bewegung mehr veranlassen, und weil ich nichts tun konnte, kamen mir manchmal die Tränen. Tränen flossen auch regelmäßig, wenn ich mich in dem kleinen Standspiegel sah, den ich zum Schminken und Abschminken benutzte. Nur schwer konnte ich meinem Blick standhalten, weil er mich in Verwirrung stürzte, in eine Mischung aus schuldbewusster Nostalgie einerseits, wie wir sie empfinden, wenn wir zufällig auf das Bild eines Verstorbenen stoßen, den wir sehr geliebt haben, und nur einen verstohlenen Blick riskieren aus Angst, gewahr zu werden, wie sehr wir seine Züge schon vergessen haben, und andererseits aus Scham, die mich überwältigte, weil der Blick, der mir zurückgeworfen wurde, mich zwang, den verstörten Blick einer Frau zu betrachten, die ich damals für eine arme Neurotikerin hielt. Denn die Fähigkeit, Abstand von mir selbst zu nehmen, habe ich auch in den schlimmsten Augenblicken nie ganz verloren. Ich blickte in Augen, die unter der gleichzeitigen und gegensätzlichen Wirkung von Mitleid und Ekel jeden Ausdruck verloren hatten, und die Konturen des Gesichts nahm ich vermutlich gar nicht wahr.

Die kleinen fiktiven Geschichten, die ich als Hebel meiner einsamen Lust benutzte, waren die ersten schlagenden Beweise für das Gefangensein meiner Vorstellungskraft. Seltsamerweise versuchte ich die Freiheit meiner Phantasie auf dem Gebiet der unmittelbaren Lust wiederzugewinnen. Wenn ich anfing, mich zu streicheln, wollte ich oft ganz bewusst aus meinem früheren Repertoire schöpfen, aber es war nichts zu machen, selbst über die eingefahrensten Gleise schaffte ich es nicht mehr, mich ausreichend zu erregen, und wütend, im deutlichen Bewusstsein meiner schwachsinnigen Abhängigkeit, rief ich mir die eine oder andere Szene mit Jacques und einer seiner Freundinnen in Erinnerung. Ich versuchte, eine klare Vorstellung zu behalten, wie lange ich schon so bis tief in meine Einbildungskraft hinein unterjocht war. Hätte ich Striche auf die Wände meiner imaginären Zelle zeichnen können, ich hätte es getan; ich zählte in Monaten, dann in Jahren, ohne zu wissen, ob ich bei dem, was der allerpersönlichste sexuelle Akt ist, jemals wieder zu mir selbst finden würde.

In vielen anderen Bereichen meines symbolischen Universums, die nach und nach mit Beschlag belegt wurden, bewies ich keinen solchen, wenn auch nutzlosen Scharfblick. In diesem Universum stellte das Dorf Illiers-Combray, das Jacques gut kannte, weil er seine Kindheit in der Region verbracht hatte, eine große Schnittstelle von Bedeutungen und Emotionen dar. Wir waren mehrfach dort gewesen, das erste Mal in Begleitung seiner Eltern, dann mit guten Freunden. Einer von ihnen hatte uns dort geholfen, für das Cover eines Buches von Jacques ein Foto zu machen, auf dem wir beide zu sehen sind. Wir hatten auf den Treppenstufen vor einem kleinen Hotel posiert, das den rätselhaften Namen »Hôtel de l'Image« trug – wie hätten wir das übersehen können. Hinzu kam, dass ich in dem ersten Sommer, den wir zusammen verbrachten, *Auf der Suche nach der verlorenen Zeit* gelesen und Gefallen an Proust gefunden hatte. In dem inneren Strom, der unsere Gefühle trägt und Erinnerungen anschwemmt, vermischten sich bei mir die Wasser verschiedenster Eindrücke und Empfindungen: solche aus der Lektüre der Kindheitserinnerungen von Proust, solche aus meinem eigenen subjektiven Roman, den ich ausspann, während ich Jacques bei den Erinnerungen an seine Kindheit zuhörte, und schließlich solche aus unserem gemeinsamen Leben, das dort ebenfalls seine zwar faktisch bescheidenen, aber stark mit Emotionen aufgeladenen Bezugspunkte hatte. Nicht nur machte Jacques nun die gleiche Tour mit L., sondern sie nutzten auch die Gelegenheit, ein Zimmer in dem Gasthof Moulin de Montjouvin zu nehmen. Hatte nicht auch ich mir insgeheim eine solche Eskapade für uns beide ausgemalt? Als ich noch auf einen günstigen Moment wartete, mit dem Vorschlag herauszurücken, wurde ich von der Entdeckung überrascht, dass man mir zuvorgekommen war. Die Tagebuchseiten, durch die ich es erfuhr, lieferten eine Vorlage, in der sich der charmante Landgasthof sogleich in den ironisch klischeehaften Rahmen einer Ehebruchsgeschichte verwandelte. So wie sie sich mir aufdrängte, war sie von der berühmten Passage inspiriert, in der Mademoiselle Vinteuil von ihrer Freundin, in deren Armen sie liegt, in einem perversen Spiel mit der Drohung provoziert wird, sie werde das Porträt ihres Vaters bespucken, eine Szene, die Proust in das Haus des Vaters verlegt, das er Montjouvain nennt. Schon beim ersten Lesen hatte mich die Beschreibung dieses Verhaltens so tief ergriffen und schockiert, dass ich es später noch einmal las, weil ich nicht mehr sicher war, ob ich es richtig verstanden hatte, und deshalb überprüfen wollte, ob ich nicht zu viel an Eigenem hineininterpretierte. In dem Phantasma, das zu meinem grausamsten wurde, ging ich nicht so weit, die Szene identisch zu reproduzieren, sondern ich kehrte sie um in einen grobschlächtig übertriebenen Akt: Ich dockte Jacques von hinten fest an die junge Frau an, die am helllichten Tag bei offenem Fenster zum Park auf allen vieren auf einem Bett kniete, und beschränkte mich darauf, ihn sagen zu lassen, während er ihren Arsch heftig vor und zurück rüttelte, so verbissen, als hätte er es mit einer widerspenstigen Kommodenschublade zu tun, noch mit keiner Frau habe er so große Lust empfunden. Das reichte an Verachtung mir gegenüber, damit hörte das Schauspiel auf. Ich dosierte das Leiden, das ich mir antat, genauso wie die Anhänger des Sadomasochismus, die, um ihren weiteren Lustgewinn nicht zu gefährden, nur bis an die Schwelle dessen gehen, was die Körper ertragen können, ohne zusammenzubrechen. Ein Foto von mir zu bespucken, das wäre vielleicht doch so unerträglich gewesen, dass ich die Träumerei hätte abbrechen müssen. Vielleicht gestattete ich mir eine masochistische Lust nur im Rahmen einer solchen fast burlesken Vorstellung, so wie sich Mademoiselle Vinteuil, der Proust Tugendhaftigkeit zuschreibt, das Vergnügen nur unter der Bedingung erlaubt, dass sie die Böse spielt.

Es gab Überblendungen, die noch verwirrender waren. Jahre vorher hatten wir, als wir mit dem Motorrad eine Landstraße entlangfuhren, weiter unten ein Paar entdeckt, das nackt in einem Fluss badete, Touristen wahrscheinlich, und bei dem flüchtigen Anblick hatten wir uns amüsiert und bewundernd den großen, athletischen Körper der Frau kommentiert. Der fast antike Charakter dieser Szene war so schön, dass sie dauerhaft in meinem Kopf hängenblieb, obwohl mich nichts damit verband, weder hatte ich eine Vorliebe für den Ort, noch erinnerten Jacques und ich uns später unter irgendeinem Vorwand daran. Nun glaubte ich sie in Jacques' Tagebuch identisch wiederzufinden, aber in Form eines kleinen Abenteuers, dessen Protagonisten er und eine gewisse Dany waren. Genau dort, an der Straße nach Serrabone. Es war sehr heiß, er hatte das Motorrad abgestellt, und sie waren zum Fluss hinuntergegangen und hatten völlig nackt in dem »eiskalten Wasser« gebadet. Habe ich beim Lesen etwas hinzugedichtet? Mir ist, als hätte die Rast mit einem bukolischen Beischlaf geendet. Ich habe keine Erklärung für diese seltsame Verschiebung eines Ereignisses, das Jacques und ich als Zuschauer betrachtet hatten, in das Leben, das er ohne mich lebte. Hatte der Anblick der Badenden auch ihn so nachhaltig beeindruckt, dass er später Lust bekam, es ihnen gleichzutun? Hatte ich vielleicht aus Jacques' Bericht eine falsche Erinnerung produziert? Oder hatte er sich aus einer Mischung von Erinnerung und Wunsch etwas zusammenfabuliert? So verwandelten sich Fakten, die in meinem Hirn dem Bereich der Erinnerungen zugeordnet waren, in Vorahnungen von Ereignissen aus dem Teil von Jacques' Leben, der mir entzogen war. Zu anderen Zeiten hätte man in Erwägung gezogen, ich sei verhext worden, wie der Holzfäller im Märchen, dem seine impulsiven Gedanken nur ellenlange Würste einbringen, die ihm an der Nase hängenbleiben. Sobald ich bestimmte mentale Bilder entwickelte, auch wenn sie noch so harmlos waren wie die Erinnerung an eine Spazierfahrt im Urlaub, wurden diese zur Realität in einer Handlung von Jacques, die den trüben Gedanken in meinem Kopf neue Nahrung gab.

Das Ganze glich einem teuflischen Rosenkranz: Die Kette der ordinären Gedanken wurde heruntergebetet, und in regelmäßigen Abständen eröffnete das Zusammentreffen von irgendwelchen beliebigen Alltagsbegebenheiten mit einer manchmal ebenso unbedeutenden Episode aus Jacques' anderem Leben einen schmerzlichen Ausblick, in den ich mich nicht weniger vertiefte als ein Mystiker in die Ekstase. War davon die Rede, eine Freundin vom Bahnhof abzuholen? Schon sah ich, wie er die andere abholen ging, und im Geist verfolgte ich, wie Jacques ihr den Koffer abnahm und ihr einen Kuss auf den Mundwinkel drückte. Die Brille meiner Vorstellung war so beschaffen, dass ich mich wie in meinen Masturbationsphantasien hauptsächlich auf Jacques' Körperhaltungen und auf sein Gesicht konzentrierte. Ich sah nur sein Gesicht, wie es sich einer Lichterscheinung näherte. Er schlug mir eine Spazierfahrt vor; ich geriet in Panik, so als würde ich, allein unterwegs, die beiden irgendwann treffen und wüsste nicht, was ich tun sollte, weglaufen, mich verstecken oder vorbeigehen. Das passierte immer wieder, so oft, dass ich schließlich einen Teil der Zeit an der Seite eines Mannes lebte, der im wesentlichen ein Produkt meiner Einbildung war und trotzdem ein Unbekannter, der mich im wahrsten Sinn des Wortes in seinem Bann hielt. Mein innerer Blick ließ ihn nicht los. Es war ein Wachtraum, aber wie wir manchmal im nächtlichen Traum von einem Gegenstand angezogen werden, den wir, in einer zähen Flüssigkeit festhängend, nicht erreichen können, so konnte ich nicht an diesen Jacques herankommen, was meine Neugier weiter schürte und meine Not verschlimmerte.

Dieses andere Leben von Jacques, so wie ich es träumte, war ein Garten Eden, wo er offenbar ohne Hintergedanken, ohne Schuldgefühle oder Ressentiments, ohne dass irgendeine emotionale oder moralische Instanz ihn zur Verantwortung zog oder über ihn richtete, seiner Lust leben konnte – ohne sich meiner Existenz bewusst zu sein. Seine Umtriebe entsprangen einer Willkür, deren Logik für mich als Außenstehende absolut rätselhaft blieb. Seine Person war glatt. Selbst wenn es Heimlichkeiten gab, Lügen, Täuschungen, lieferte sein Bericht dafür keinerlei psychologische Erklärung (dass Jacques mich zum Beispiel hätte bestrafen oder sich für irgendein Vergehen von mir hätte rächen wollen), all das beruhte auf einem transzendenten Mechanismus. Meine Bestürzung war nur dem Gefühl vergleichbar, das ich als Kind empfand, als man mir von den Geboten erzählte, die die antiken Götter den Menschen auferlegten, ohne dass es diesen gestattet war, die Gründe dafür zu verstehen. Ich hatte Jacques zu einem Mythos gemacht.

Ich holte die Briefe wieder hervor, die ich zu Beginn unserer Beziehung von ihm erhalten und damals in fliegender Hast gelesen hatte; diesmal unterstrich ich einzelne Passagen mit Rotstift. Wie ließ sich der Mann, für den Liebe nicht mit der »Logik der Ehe« vereinbar war und der es ablehnte, »den Kreislauf der kleinen Feigheiten und Kompromisse in Gang zu setzen«, mit dem anderen zusammenbringen, der seine Zeit so organisiert hatte, dass ich nicht mitbekam, wie er sie mit Ereignissen füllte, von denen ich nichts wusste? Der unsere Wohnungen, weil er sie zusammen mit anderen benutzte, zu Orten gemacht hatte, die nun eher ihm als mir zu gehören schienen; der sich auf Ausflugsrouten, die wir gemeinsam entdeckt hatten und öfter fuhren, jetzt an Vergnügungen erinnerte, an denen ich nicht teilgenommen hatte und die sein ungenaues Gedächtnis vielleicht mit dem vermischte, was wir zusammen erlebt hatten? Er, der geschrieben hatte: »Lügen haben immer nur einen sexuellen Hintergrund. Ethik entspringt nur dem Sexuellen. Belügen wir uns nicht, verbergen wir nichts voreinander, eine lasterhafte Realität verschleiert die Dinge immer, und das endet in der Katastrophe«, was hatte er vorgetäuscht, wenn er weg musste aus einem Grund, den ich nicht wissen durfte? Allein konnte ich den einen nicht mit dem anderen in Einklang bringen. Gegen den Inhalt der Briefe hatte ich seinerzeit, als ich sie erhielt, nichts einzuwenden gehabt, verschob es nur auf später, sie voll und ganz zu verstehen, denn für die übernatürlichen Wahrheiten, die sie fortwährend aussprachen, war ich noch nicht reif. Und gleichzeitig war mein Vertrauen zu Jacques zu tief verankert, als dass ich ihm nachträglich Zynismus beim Schreiben oder später Inkonsequenz oder Verrat hätte unterstellen können. Ich hatte also die ebenso absurde wie aufrichtige Erwartung, dass seine Erläuterungen über die Beziehungen zu seinen Freundinnen sich in die Logik seiner damaligen Argumentationen einfügen würden. Ich führte endlose Aussprachen herbei. Einander gegenüber sitzend beim Essen, nebeneinander liegend mitten in der Nacht, am Telefon, wenn Jacques in dem Haus im Süden war und ich in Paris, manchmal ausgehend von einem Brief, den einer dem andern geschrieben hatte, haben wir miteinander geredet, in Sitzungen, die Stunden dauern konnten. Mitunter in aller Ruhe, aber meistens und weil ich ihn unbedingt als ganzen Menschen wiederfinden musste, reagierte ich wie ein wildgewordener Kompass. Ich warf den Kopf von links nach rechts oder fuchtelte mit den Händen, bis der ganze Körper in Bewegung geriet und sich schließlich in Schluchzern entleerte. Das nannten wir »die Krisen«. Die gesamte Zeit, in der sie auftraten, fast drei Jahre lang, bezeichneten wir als »die Krise«.

Der Ablauf einer Krise war immer gleich. Entweder hatte mein Spionieren ein neues Detail aus Jacques' mythischem Leben zutage gefördert, oder ein unbedeutender Vorfall erinnerte mich brutal an eine Episode oder eine Person. Beides drängte sich mir auf wie eine Halluzination. Man arbeitet, die Gedanken fließen. Plötzlich unterbricht das Bild einer vor dem geistigen Auge erscheinenden Fotografie das Denken, und die Aufmerksamkeit wendet sich dem Gespenst einer Frau zu, die vor dem Meer an einer Brüstung lehnt, das Haar durch ein herunterrutschendes Tuch gerade noch gebändigt. Man verscheucht das Bild, liest den nicht beendeten Satz auf dem Bildschirm noch einmal von vorn, aber schon starrt man wieder auf die Balustrade, um den Ort zu identifizieren, eine dieser auf alt getrimmten Balustraden, wie man sie in Häusern von etwas prätentiösem Geschmack findet. Man nimmt sich vor, das Foto später genauer unter die Lupe zu nehmen. Natürlich leuchtet dann pausenlos der elegante weite Mantel der Frau, als wahrer Brennpunkt der Obsession, als hin und her geschwungenes Foltereisen aus dem Schwarzweißbild auf. Während der Stunden, in denen die Phantasie endlich weniger von der Arbeit in Anspruch genommen wird als von den zu Unrecht so genannten Zerstreuungen, bewegte sich mein Verstand nur noch sprunghaft zwischen Teilbereichen, die von den sich aufdrängenden Trugbildern verschont geblieben waren.

Zwar hatte ich nicht vor, meine Nachforschungen über Jacques' mythisches Leben anders als allein durchzuführen – nie hätte ich ihn als Betroffenen aufgefordert, sich frei dazu zu äußern, zu groß war mein Bedürfnis nach dieser mühseligen, heimlichen Einsamkeit oder nach Zugang zu konkretem Beweismaterial, das er mir aber aus Scham nicht gezeigt hätte –, seltsamerweise hatte ich auch nicht den Wunsch, ihm solches vorzulegen, um ihn in Verlegenheit zu bringen oder zu beschuldigen. Von den ersten Vorfällen an hielt ich meine Entdeckungen zunächst geheim, in der Hoffnung, er würde die Wunden erkennen, die sie mir geschlagen hatten; ich wartete darauf, dass er die Initiative ergriffe, sie zu verbinden, ich hoffte auf den Beweis einer so vollkommenen Liebe, dass ich Jacques die Fähigkeit zutraute, per Telepathie zu spüren, was ich empfand. Der unübersetzbare Imperativ lautete, seine Antwort könne nur Wert haben, wenn sie meiner Frage zuvorkäme. So verbrachte ich viel Zeit damit, in meinem Kopf hinter dem kränkenden Szenario ein anderes auszuspinnen: wie Jacques mich trösten und damit beweisen würde, dass ich für ihn vollkommen durchschaubar, vollkommen offen war in meinem Schmerz – hatte ich denn nicht bis dahin gelebt, ohne dass der geringste Verdacht mich wirklich darauf vorbereitet, ohne dass also irgendein Abwehrmechanismus Zeit gehabt hätte, sich einzuspielen –, und wie Jacques die Ursache dieses Schweigens sofort intuitiv erfassen konnte. Parallel zu den Phantasmen, in denen er mir gegenüber die größtmögliche Verachtung an den Tag legte, das heißt, mich total ignorierte, entwickelte ich andere Phantasmen, in denen er eine Aufmerksamkeit zeigte, die im Gegenteil einer übernatürlichen Sensibilität, der Feinfühligkeit eines Heiligen entsprang. Würde er mir helfen, meine Wunden zu heilen, hätte er zugleich seine beiden Erscheinungsformen wieder vereint. Da konnte ich also lange warten.

Glücklich die Phantasielosen! Glücklich die, denen die Zeichen ihre Bedeutung offenbaren, ohne dass sie sich in den Talmud und die Massora vertiefen müssen, die handeln, ohne die unzähligen Konsequenzen ihres Tuns vorherzusehen und schon die Antwort auf alle diese Wirkungen ins Auge zu fassen, die weder die Vergangenheit neu stricken noch abergläubisch sind, die niemals mit der Stimme ihres Widerparts zu sich selber sprechen … Wie oft hat Jacques mich nicht ermahnt, ich solle mich doch mit der Gegenwart begnügen! Ich hätte ihm antworten können, die ständigen Zwiegespräche mit ihm, die ich in meinem tiefsten Innern unentwegt fortsetzte, dehnten die Gegenwart aus; und ich brachte ihn in Verlegenheit, weil er das letzte Streitgespräch vergessen hatte, während ich im Stillen weiter argumentiert und endlich auf eine seiner Bemerkungen die richtige Antwort gefunden hatte. Ich bereitete meine Sätze vor, als müsste ich sie öffentlich vortragen, formulierte sie im Voraus in einem sparsamen Umgang mit Worten, deren Bedeutung ich manchmal sogar im Wörterbuch nachschlug. Gewöhnlich war die Mühe vergebens; da er selbstverständlich nicht alle meine inneren Überlegungen mitverfolgt hatte, gab Jacques mir zu verstehen, ich spräche in Rätseln. Dann improvisierte ich und versank, mit falschen Worten kämpfend, erneut im Treibsand des gegenseitigen Unverständnisses.

Wie viel List und Tücke wandte ich an, um ihn wissen zu lassen, ohne es ihm zu sagen, dass mir ein bestimmtes Foto unter die Augen gekommen war (vielleicht wäre er sehr erstaunt gewesen, es im hintersten Winkel einer Schublade, wohin sich seine Hand nie verirrte, wiederzufinden) und ich doch nichts weiter verlangte, nicht wahr, als ein paar ergänzende Informationen über die Person, das ungefähre Datum des Fotos und die näheren Angaben zu dem Ort, wo es aufgenommen worden war, sowie zur Dauer der Beziehung – nichts als bloße Fakten. Glaubte ich, den Ort erkannt zu haben, kam mir jeder Anlass recht, darauf anzuspielen, als hätte Jacques die Gelegenheit ergreifen müssen, um mir von der Frau zu erzählen, mit der er dort gewesen war. Oder aber ich stellte ihm die Frage, ob ihm nicht langhaarige Frauen besser gefielen als kurzhaarige wie ich. (Hätte er unsinnigerweise geantwortet, er habe noch nie etwas Sinnlicheres erlebt, als die Finger durch das Haar jener Frau, sie heiße Françoise, gleiten zu lassen, mit der er übrigens, ach ja, die Landstraße langgefahren sei, die ich ja auch sehr gut kannte – hätte ich dann nicht den gleichen stechenden Schmerz empfunden, auf den meine Phantasmen hinausliefen, als Bestätigung meines Ausgeschlossenseins?) Wenn ich erraten zu haben glaubte, wann das Foto aufgenommen worden war, konnte der Umweg noch verschlungener sein; ich sprach davon, welche Probleme ich vielleicht in dem Moment gehabt hatte, welchen seelischen Beistand ich gebraucht haben könnte, und erwartete blödsinnigerweise, dass Jacques mir schuldbewusst gestehen würde, warum er nicht bemerkt hatte, wie durcheinander ich war. Natürlich passierte nichts von alledem, und nachdem ich mein eigenes Geständnis so lange wie möglich hinausgezögert hatte, ließ ich mir, psychisch erschöpft von dem Zwiegespräch mit der Erscheinung auf dem Foto, die Worte entschlüpfen: »Ich habe in der Schublade ein Foto gefunden.«

Das Schöne am Träumen ist, dass wir bei aller Grausamkeit, die wir begehen, oder aller Unanständigkeit, die wir an den Tag legen, immer völlige Straffreiheit genießen. Ich steckte so tief in der bedrückenden Stimmung meiner Obsession, dass ich nicht sofort erkannte, wie tief es Jacques verletzte, wenn ich mir seine persönlichsten Dokumente aneignete und seine Bücher gewagten Interpretationen unterzog. All das kam letztlich einem Herumschnüffeln in seinem Unbewussten gleich. Er musste sich erst in einem der neuen Briefe, die er mir schickte, über die »Schäden« auslassen, die ich verursacht hätte durch »mein Eindringen« in das, was für ihn (neben unserem Zusammenleben) am kostbarsten sei, in sein Schreiben und in die phantasmatischen Spiele, die diesem dienten, er musste erst ganz ausdrücklich erklären, wie »leer und niedergeschlagen« er sich fühle, bis ich anfing, mir dessen bewusst zu werden. Vorher hatte ich keinen Zweifel gehabt, dass er, sobald er erst alles in mir sehen, mir alles erklären und alles verzeihen würde.

Diese fixe Idee ließ mich tagelang mit verschlossenem Gesicht herumlaufen und hinderte mich, eine Einladung anzunehmen (von Leuten, bei denen sich Jacques mit einer seiner mysteriösen Begleiterinnen präsentiert hatte) oder einen Gegenstand zu benutzen (weil sie ihn berührt hatte); ich lebte wie eine Kranke, deren verlangsamte Bewegungen nicht mehr über die Ausmaße des Bettes hinausreichen, gelähmt, eingeschränkt durch eine Reihe von Tabus, von denen in den Augen dessen, der mich beobachtete und mit Sorge alle Vorzeichen einer Krise ausmachte, eins unverständlicher sein musste als das andere. Äußerte ich mich endlich explizit, in einem Satz, mit letzter Kraft, nachdem ich gerade eine furchtbare Anstrengung vollbracht hatte, weil ich, den Blick ins Leere gerichtet, genau in dieser Minute nur noch ein schwebendes Teilchen war, das darauf wartete, erkannt zu werden, dann reagierte Jacques im allgemeinen sofort. Kein einziges Mal ging er, wenn schon nicht auf meine Frage, dann wenigstens auf meine Erwartung ein. Er verwies mich auf meine eigenen Affären, auf die Tatsache, dass ich nie aufgehört hätte, auf Sexpartys zu gehen, und vor allem darauf, dass mein Verlangen mich lange Zeit anderswohin und von ihm weg geführt habe. So wie ich damit beschäftigt war, seine Beziehungen zu anderen Frauen aufzurechnen und zu untersuchen, so brachte er die Liste meiner Liebhaber auf den neuesten Stand. Beim Lesen seiner Tagebücher hatte ich erfahren, dass er einige vermutete, aber die Methode, die ich mir zu eigen gemacht hatte, ohne darüber nachzudenken, hinderte mich, von vornherein offen mit ihm darüber zu reden. Loyal wäre es zweifellos gewesen, die anstehenden Enthüllungen auf die gleiche Ebene zu stellen, beim Reden die Initiative zu ergreifen und ihn dadurch aufzufordern, es genauso zu machen. Aber wie schon gesagt, wartete ich zunächst darauf, dass er Fragen »erriet«, die ich nicht stellte, und spontan darauf antwortete, und wenn ich mich entschloss, ihm zu sagen, ich hätte sexuelle Beziehungen mit diesem oder jenem gehabt, womit ich meistens seinen Verdacht bestätigte, dann geschah das manchmal nicht aus dem Bemühen um Ehrlichkeit, sondern um ihn indirekt ebenfalls zu Geständnissen zu bewegen. Ich warf Ballast ab und versuchte, dadurch seine Schilderung der eigenen Welt ein wenig mehr zu durchschauen.

*

Negativ Bilanz zu ziehen – »was du mir verheimlicht hast, was du nicht begriffen hast, was ich dir nicht sagen konnte, was wir falsch gemacht haben« – ist das immer wieder neue Spiel, wenn Paare sich streiten. Dabei machen sie sich nicht klar, dass die Trennungslinie, die sie in ihrem Kontobuch ziehen, ebenso gut als Verbindungslinie gesehen werden kann. Wie auch immer ihr Streit ausgeht, ob die Beziehung hält oder nicht, die Momente und die Handlungen, in denen die Partner ihrer Ansicht nach getrennt waren, stellen zwar keinen klar umrissenen Bereich, aber doch eine im Zickzack verlaufende Nahtstelle dar. Das ist die treibende Kraft des Hin und Her im Boulevardtheater. Eine Person kommt vom Garten herein, wenn der, den sie sucht, zum Hof hinausgeht, eine Zwischenwand trennt sie, lässt aber je nachdem die Stimme oder den Blick oder die Missverständnisse durch. Hinweise auf das, was mir von Jacques' Leben verborgen war, hatte es in der Vergangenheit hier und da schon gegeben. Aber ich hatte ihnen, wie gesagt, keine Aufmerksamkeit geschenkt, erst jetzt gingen sie mir richtig auf. So zum Beispiel eine flüchtige Geste von Jacques gegenüber einer seiner Freundinnen. Ein von ihm geschriebenes Theaterstück wurde in der Provinz aufgeführt, und ein Bus war gechartert worden, damit seine Freunde bei der Premiere dabeisein konnten. Wir waren sehr viele, der Ausflug war lustig, ebenso die Rückfahrt nach Paris spät in der Nacht. Wir erreichten unser Ziel, und im spärlichen Licht der Straßenlaternen auf der Place de la Nation sah ich, wie Jacques einer jungen Frau, die hinten im Bus schlief, mit dem Rücken seines Zeigefingers die Wange streichelte, um sie aufzuwecken. Ich erkannte die Geste wieder, mit der er mich bei unserer allerersten Begegnung berührt hatte.

Ich selbst hatte die ganze Fahrt über neben F. gesessen, einem meiner Freunde und Liebhaber, und wir hatten uns pausenlos über ästhetische Fragen die Köpfe heiß geredet. Am nächsten Tag schrieb Jacques im Anschluss an einen lapidaren Reisebericht in sein Tagebuch: »Zweifel in Bezug auf Catherine. Hat sie was mit F.?« Ich hatte nichts festgehalten, ich hatte die Szene gesehen, hatte sie im selben Augenblick interpretiert und sofort in der Tiefe meines Gedächtnisses vergraben, in keiner anderen seelischen Verfassung, als wäre das Rückfenster des Busses eine Kinoleinwand gewesen. Jetzt holte ich sie wieder hervor, und in der engen Kabine eines Busses, unter der niedrigen Decke, die die Insassen nötigt, sich bei ihren Bewegungen übereinander zu beugen, so dass ihre Haltung etwas Beschützendes, Zärtliches bekommt, nahmen unsere Gesten und Worte, die von Jacques und von mir und die der anderen uns gegenüber, Konsistenz an, überkreuzten sich und streiften im Fledermausflug uns alle vier. Das Boulevardstück entwickelte sich zu einem seltsam schwebenden Spiel zwischen zwei Paaren, bei dem die Haltungen und Worte, dazu noch die Blicke, die unausgesprochen Begehren und Gefühle zwischen Menschen ausdrücken, von einem zum anderen wechselten.

Die Geliebten derjenigen, die wir lieben, suchen wir uns ebenso wenig aus, wie wir uns ihre Familie aussuchen, und die sexuelle Promiskuität, zu der uns gewisse Enthüllungen zwingen, wird manchmal als unfreiwillige Kompromittierung erlebt oder sogar als Beschmutzung, die uns unseren eigenen Anteil an der körperlichen Liebe verdirbt. Da ich schon sehr früh meine sexuellen Begegnungen teilweise dem Zufall überlassen und deshalb gelernt hatte, in dieser Hinsicht nicht allzu kleinlich zu sein, war ich durch solche Nachbarschaft ganz bestimmt nicht so gekränkt wie Jacques. Er dagegen sah sich mit einer vielfältigen Palette von Vertretern der Menschheit konfrontiert, deren Gesellschaft er nicht immer schmeichelhaft fand. Ich sah, wie bei ihm Niedergeschlagenheit, Angewidertsein und ehrliche Entrüstung miteinander wechselten, wenn ich ihm bestätigte, dass ich mit jemandem geschlafen hatte, den er vollkommen lächerlich fand, oder mit einem andern, von dem er schon befürchtet hatte, dass er Unruhe stiften werde, oder gar mit einem seiner Freunde, dem er mangelnde Moral vorwarf. Ich erinnere mich noch genau an unsere Körperhaltungen und an seinen Gesichtsausdruck, wenn ich bestimmte Namen aussprach, die Stimme senkend und in fast fragendem Ton, wie wenn man in einem Gespräch, um sich zu vergewissern, dass der Gesprächspartner einem folgen kann, dazwischenschiebt: »Du weißt, wovon ich rede? Du erinnerst dich doch an den und den?«

Besonders einmal, als wir auf dem kleinen Treppenabsatz vor dem Schlafzimmer standen, er unten auf den Stufen, die zum oberen Stockwerk führen, ich auf der Schwelle, schon halb im Zimmer, fing ich einen Blick von ihm auf, in dem sich alle diese Gefühle miteinander mischten. Wenn das Bild, auf das ich mich in dem Moment fixierte, andere Bilder und andere Gedanken wegschob, die unerträglich gewesen wären, wie zum Beispiel irgendeine schlüpfrige Situation, die der ausgesprochene Name hätte heraufbeschwören können, die ich aber verdrängte, als hätte Jacques sie als obszöne Banderole über meinem Kopf erscheinen sehen können, funktionierte dann meine visuelle Wahrnehmung hier nicht genauso wunderbar wie damals, als ich mich anschickte, endgültig aus der Wohnung, die ich mit Claude teilte, auszuziehen, ein Ereignis, von dem ich nur den Anblick meines Koffers auf dem Bett behalten habe? Und war es nicht auch notwendig, dass diese Konfrontation mit Jacques von Angesicht zu Angesicht bei mir den Eindruck von Verlässlichkeit und Beständigkeit hinterließ, damit sie zu gegebener Zeit analysiert werden konnte?

Doch als Jacques meinen drängenden Fragen nach seinem Verhalten mein eigenes entgegensetzte, war ich über seine Worte so bestürzt, als hielte er mich plötzlich für eine andere, und ich musste meinen ganzen Verstand zusammennehmen, um sie nicht ungerecht zu finden. Wusste er denn nicht, dass ich meinen Körper unbekümmert und manchmal nachlässig hatte umherschweifen lassen? Dass ich der echte Matrose gewesen war, der auf den Ruf des Meeres antwortet und in dessen unentwickeltem Geist die Häfen, sobald sie wieder verlassen werden, in jene unbestimmte Region übergehen, in der sich die Erinnerungen am Ende mit den Träumen vermischen? Mein Leben war so gut abgeschottet, und alle sexuellen Beziehungen, ob dauerhaft oder improvisiert, waren so gut von den Ausgeburten meiner Phantasie umhüllt, dass paradoxerweise nicht die Zufälle des Fleisches mich letztlich mit der Realität in Berührung brachten, sondern das Abspulen der Träumereien die Abenteuer des Körpers nach sich zog. Hätte man mich gefragt, hätte ich geantwortet, meine einzige Verbindung zur Realität sei meine schon so lange bestehende Beziehung mit Jacques. Verstärkt wurde diese Aufspaltung noch durch den Eindruck, dass es weder in meinem Berufsleben noch in meinem Leben mit ihm jemals irgendeine plötzliche Wende gegeben und ich niemals die Möglichkeit ins Auge gefasst hatte, wir könnten uns trennen, und das war die einzige Realität, die zählte.

So wie er es sah, hatte meine Sexualökonomie sicher zur Lockerung unserer Verbindung beigetragen, doch vielleicht nicht auf eine so mechanische Art, wie es den Anschein hatte. Weniger meine Ausschweifungen wären demnach der Grund für mein geringes Bemühen um Jacques gewesen, sondern eher eine allmähliche allgemeine Veränderung meines Verhaltens. Ein kleiner Satz, den ich vor langer Zeit gesagt hatte, kam mir wieder in den Sinn. Damals lebten wir erst relativ kurze Zeit zusammen. Wir waren unterwegs auf einem Ausflug mit einem befreundeten Paar. Ich weiß nicht mehr, worum es in der sehr entspannten Unterhaltung ging, wahrscheinlich um Sexgeschichten, denn plötzlich sagte ich laut: »Jacques ist auf mich verfallen, weil er mich für sexbesessen hielt, aber Pech gehabt, das stimmt nicht!« Es war einfach so dahingesagt als Scherz, und unsere Freunde, zweifellos über meine Lebensweise auf dem Laufenden, sahen nicht so aus, als würden sie es ernst nehmen. Auch ich selbst hätte mich bei einigem Nachdenken gefragt, was mich zu einer derartigen Äußerung getrieben haben mochte, an die ich nicht eine Sekunde glaubte, denn ich wusste ja nur zu gut, dass ich zwar nicht »sexbesessen« im wörtlichen Sinn, aber doch stets zu allem bereit, also aktiver in dieser Hinsicht war als andere. Und doch hatte ich diesen Satz nicht nur gesagt, sondern ihn trotz seines scherzhaften Charakters sogar in Erinnerung behalten. Dämmerte mir da nicht schon leise, dass sich tatsächlich etwas an meiner Libido veränderte? Wie schon erwähnt, arrangierte ich mich mit dem, was Jacques mir damals in seinen Briefen eingeschärft hatte, und linderte das durch die Heimlichkeit zwangsläufig erzeugte Schuldgefühl, indem ich meine Abenteuer derjenigen zuschrieb, die aus einer Zeit vor unserer Paarbeziehung in mir überlebt hatte. Wenn ich eine »frühere« Catherine ausmachen konnte, dann doch wohl, weil es in der Gegenwart eine andere gab, die anfing, ihre Philosophie (das ist allerdings ein großes Wort) der Freizügigkeit mit einiger Distanz zu betrachten. Ich verteidigte sie nicht mehr aus den gleichen Gründen wie damals, als ich, allein in Jacques' Wohnung, ihm unter dem Schock der allerersten Entdeckung, dass eine andere gelegentlich dorthin eingeladen wurde, jenen exaltierten Brief geschrieben hatte. Ich war jetzt viel stärker mit meiner Arbeit beschäftigt, sie brachte mir Anerkennung, die einen Großteil meines Narzissmus befriedigte; da ich mich wirklich frei fühlte, hatte ich es vielleicht weniger nötig, die Suffragette der Libertinage zu spielen. Und die Distanz, die ich zunehmend dazu entwickelte, entfernte mich nicht nur von den Abenteuern, sie veränderte meine gesamte Libido. Lacan zitierend – »es gibt keine sexuelle Beziehung« – hatte mich Jacques in einem seiner früheren Briefe beschuldigt, dass ich daran »glaubte«, an die sexuelle Beziehung. Wenn ich zu der Zeit, als Jacques mir diesen Brief schrieb, tatsächlich daran glaubte, hatte mich allerdings in der Krisenzeit, von der ich hier berichte, der Glaube ganz bestimmt schon verlassen.

Wie soll man von einer Situation erzählen, die sich über fünfzehn Jahre hin entwickelt hat? Man verliert einen Freund aus den Augen, man nimmt sich vor, ihn anzurufen, und dann vergisst man es. Ein anderer, mit dem man Nächte feuchten Vergnügens verbracht hat, taucht wieder auf, und nach einem Abendessen, bei dem dann doch ein

Gefühl der Vertrautheit aufgekommen ist, verabschiedet man sich im Taxi mit einem bloßen Kuss auf die Wange, ohne dass einer die Lippen des anderen streift. In einer anderen Nacht entwindet man sich der vier- oder mehrköpfigen Hydra, die sich ruckend und zuckend auf dem großen Bett schlängelt, und wenn man mit einem Streicheln zurückgehalten wird, hört man sich zum ersten Mal im Leben antworten, man sei ein wenig müde. Ich habe nie etwas übelgenommen, habe nie Schluss gemacht, nie eine Entscheidung getroffen, die mein Sexualleben in eine andere Richtung lenken sollte, und ich hielt mich mit solchen Kleinigkeiten umso weniger auf, als ich jederzeit zu den Reflexen meiner früheren Gewohnheiten zurückfinden und bei anderer Gelegenheit den Kuss verlängern und meine Müdigkeit überwinden konnte.

Meine Verbindung mit Jacques war im Kontext einer bestimmten sexuellen Lebensweise zustande gekommen, wie ich sie zur Zeit unserer Begegnung praktizierte, wenn auch nicht mehr uneingeschränkt, und heute halte ich es für möglich, dass die Entwicklung unserer Beziehung mit dem stillschweigenden Aufgeben dieser Lebensweise einherging. Jedenfalls wollte ich mich nicht daran erinnern, dass sie einmal dazugehört hatte. Entfaltete der Wahn, mit dem ich mich systematisch aus Jacques' Leben ausschloss, eine rückwirkende Kraft und übertrug er sich auf unsere Beziehungen in der Vergangenheit? Über all diesen Phantasmen, in denen ich ihn mit anderen Frauen in unermüdlichen Priapeen inszenierte, hatte ich die Fähigkeit verloren, mir die Augenblicke wieder in Erinnerung zu rufen, die ich selbst mit ihm geteilt hatte. Hatte ich etwa schon damals, als er in seinen Briefen mein Verhalten kritisierte, Skrupel bekommen, die mich dazu bewogen, meine Beziehung mit ihm nicht durch eine solche Lebensweise zu »kompromittieren«? Hatte ich mich vielleicht damit, dass ich uns als Paar idealisierte und dieses aus einem als zu ordinär betrachteten sexuellen Austausch heraushielt, von einem schleichenden Schuldgefühl befreit? Unterwarf ich mich etwa bei unseren Diskussionen Jacques' Analysen und identifizierte mich so sehr mit dem Bild, das er offenbar von mir entwarf, dem Bild eines jungen Mädchens, das süchtig nach vielerlei Zufallsbeziehungen ist, dass ich mir nicht mehr vorstellen konnte, in der festen Beziehung mit ihm Lust erlebt zu haben? Während wir in unseren ewigen Auseinandersetzungen die Vergangenheit in ihren winzigsten Details Revue passieren ließen, war ich im Hinblick auf alle Momente sexuellen Glücks, die ich mit Jacques geteilt hatte, von Gedächtnisschwund befallen. Er bemühte sich, diese Momente zu retten; ich war verstört, dass ich in meinem doch so zuverlässigen Gedächtnis keine Spur mehr davon fand.

Ich bekam einige Postkarten, auf denen er mir in der Hoffnung, meine Erinnerungen wieder wachzurufen, bestimmte Szenen beschrieb. Wie ich in einem Kabuff lange seinen Schwanz gelutscht hatte, in der Hocke sitzend, mit »nackten Arschbacken unter dem hochgerafften Rock«, den ich dann schleunigst herunterzog, um einen Besucher zu empfangen, während er versteckt blieb, »den Blick auf den unter dem Stoff wackelnden Hintern genietet«. Ein andermal malte er ausführlich die vielen schlaflosen Nächte aus, in denen er mich nahm, »überall«, wie er betonte, und ich ihn mit Schreien, mit derben Ausdrücken anfeuerte und ihm, die Fersen gegen seine Arschbacken und Schenkel schlagend, die Sporen gab, Nächte, die uns morgens erschöpft zurückließen, obwohl wir doch arbeitsreiche Tage vor uns hatten. Diese Zeilen bewegten mich sehr, und es gab keinen Unterschied zwischen der Erleichterung über das, was ich endlich – nachdem ich mir derart obsessiv Jacques' Gleichgültigkeit und die Ablehnung meiner Person vorgestellt hatte – als Liebesbeweis auffasste, und der sexuellen Erregung: Die gleiche befreiende Welle durchlief den Körper, vom Solarplexus bis tief in die Scheide hinein. Ich konnte von diesen Beschreibungen nicht genug bekommen. Ihre Wirkung war so lebendig, als hätten wir diese Szenen in Wirklichkeit noch einmal erlebt, ja als hätten wir sie gerade zum ersten Mal erlebt.

Die Postkarten kamen nur, wenn wir mehrere Tage lang getrennt waren. Wir kompensierten die geographische Entfernung durch Telefongespräche, nach denen mir vom Druck des Hörers das Ohr wehtat. Diese Gespräche waren schrecklich. Am Telefon kann man weder ein etwas zu hartes Wort durch einen bloßen Blick ersetzen, noch auf den Blick des anderen hin eine grausame Entgegnung unterdrücken; deshalb redet man schroffer, während gleichzeitig die Unsichtbarkeit des Gesprächspartners wie im Beichtstuhl die schwierigsten Geständnisse begünstigt. Hinterher waren wir erschöpft und mit unseren Argumenten am Ende; einmal wurde mir kurz schwindelig, so dass mir der Hörer aus der Hand fiel. In den darauf folgenden Tagen bemühte ich mich, mir eine neue Geschichte auszudenken, an die ich nicht richtig glaubte, die aber den Vorteil hatte, dass sie mich von meinem Leid ablenkte und mir wie ein Placebo Erleichterung verschaffte: Da es keine Lösung für unseren Konflikt gab, wollte ich die Initiative zu unserer Trennung ergreifen und ausziehen. Das warf eine Reihe von Fragen auf. Ich brauchte meine Bibliothek, aber wie sollte ich so viele Bücher in einer kleinen Wohnung unterbringen, und wer würde sich um die Katze kümmern ...? Schließlich, nach ein paar Stunden oder ein paar Tagen, ergriff einer von uns beiden die Initiative zu einem neuen Anruf und erkundigte sich in aller Ruhe nach irgendetwas Banalem. Vorsichtig riskierten wir ein paar Worte des Verzeihens, und da wir uns nicht in eine stumme, tröstende Umarmung sinken lassen konnten, hatte Jacques sich die Sache mit den Postkarten einfallen lassen, von denen ich jeweils vier oder fünf auf einmal bekam. Ihre zärtlich pornographischen Botschaften ließen die Körper wieder zu ihrem Recht kommen und machten die körperlosen Gespräche vergessen. Ich fischte sie aus der Post heraus. Voller Freude las ich sie wieder und wieder.

Ich wurde mir selbst angenehm fremd. Da ich mich nicht an die Abenteuer erinnerte, die diese Botschaften heraufbeschworen, eröffneten sie mir vielerlei Möglichkeiten, mich in Jacques' Paradies zu projizieren, zu dem ich keinen Zugang zu haben glaubte. Dieses Gefühl von Fremdheit, das zwangsläufig mit einem Gefühl von Freiheit einherging – der Freiheit, eine andere zu sein, der Freiheit, für einen Moment dem Leiden zu entfliehen –, erlebte ich auf meine Weise auch in ganz bestimmten Situationen. Nach Phasen der Trennung gab es das Wiedersehen. Zehn oder vierzehn Tage lang war meine Einsamkeit von Phantasien erfüllt gewesen, quälenden Phantasien und tröstenden. Wenn Jacques mich dann am Flughafen in Perpignan abholte oder wenn er nach Paris zurückkam, nutzte ich in den allerersten Minuten das Zwischenstadium, in dem wir nicht mehr getrennt waren, aber auch die Gewohnheiten unseres Zusammenwohnens noch nicht wieder aufgenommen hatten, um die Traumatmosphäre, in die ich abgetaucht war, noch länger andauern zu lassen. Solche wunderbaren Situationen, wie sie auf den Postkarten beschrieben wurden, konnte es tatsächlich geben. Die Skrupel, die ich kurz nach einem Streit gehabt, und die Unbeholfenheit, ja geradezu Schüchternheit, die ich dann beim Sex gezeigt hätte, waren überwunden. Ich war mit nichts unter dem Rock gereist, und sobald ich neben ihm im Geländewagen saß, den er auf dem Parkplatz abgestellt hatte, ließ ich als Einladung zu Zärtlichkeiten mein Knie spielen, damit er mir freundlich die Hand auf den Schenkel legte; durch kleine Schenkelbewegungen forderte ich ihn dann zum Weitermachen auf, bis er auf die Überraschung meiner unbedeckten Scham traf. Kaum waren wir auf der Landstraße, zog ich mich aus; ich schaffte es, seinen Schwanz aus der gespannten Hülle der Jeans herauszuschälen. Das machte mich euphorisch und unbekümmert. Die Geschwindigkeit, durch die der Eindruck entsteht, als würde das Auto die unbeweglichen Dinge am Straßenrand wie Ballast abwerfen, schafft um meinen Körper herum einen besonderen Raum, eine begrenzte rechtsfreie Zone, wo die Nacktheit sich animalisch zeigt, ohne Scham.

Oder ich erwartete Jacques, ohne es ihm vorher gesagt zu haben, an der Gare de Lyon und war unter einem Gabardinemantel vollkommen nackt. Wenn ich dann an seiner Seite den Bahnsteig entlangging, mich in der Metro neben ihn setzte, ergötzte ich mich daran, dass er nichts ahnte von dem Objekt der Begierde in Reichweite seiner Hand, so wie man sich über ein Kind amüsiert, wenn man es ein verstecktes Geschenk suchen lässt und es antreibt mit den

Worten »heiß, heiß!«; ich gab mich besonders zärtlich. Innerlich jubelte ich, weil meine nackte Haut im Gedränge nur durch einen Millimeter Stoff von ihm getrennt war, den man mit einer einzigen Bewegung hätte wegziehen können, was ich, den Gürtel lösend, direkt vor der Haustür tatsächlich tat. Es kam vor, dass wir im Hauseingang fickten.

*

Jacques stellte immer wieder die sexuellen Fragen in den Mittelpunkt unserer Auseinandersetzungen – wie war mein Verhalten im allgemeinen gewesen und wie ihm gegenüber im besonderen, was zum Teil sein eigenes erklärte, denn ich hätte mich zunehmend »gleichgültig« oder »gelangweilt« gezeigt, wogegen sein Verlangen nach mir intakt geblieben sei –, und auch die Geschichten, die ich mir über ihn zusammenphantasierte, waren so auf die sexuellen Akte fokussiert wie die Kamera in einem pornographischen Film, trotzdem zielten meine Fragen und Klagen nie auf die Akte selbst. Paradoxerweise konnte ich mir vorstellen, wie er einer Fremden gegenüber beteuerte, in seinem ganzen Leben habe er noch mit keiner Frau solche Lust empfunden wie mit ihr, und ich konnte die Szene so weit ablaufen lassen, bis sich sein Körper ganz und gar dem Orgasmus hingab. Doch niemals hätte ich zu ihm gesagt: »Du hast eine andere Frau mehr begehrt als mich«, und erst recht nicht: »Ich nehme dir übel, dass du mit anderen geschlafen hast.« Ich nahm nicht einmal so weit Vernunft an, mich der Einsicht zu beugen, dass seine Freiheit ebenso legitim war wie meine eigene, denn ich zweifelte weder an seinen Liebesbeweisen noch daran, dass er sexuell stark auf mich fixiert war. Auf seine unendliche Geduld und unwandelbare Fürsorge setzend, machte ich mich mit unerschütterlicher Hoffnung daran, ihn zu befragen, immer und immer wieder. Die erste Frage zielte, wie gesagt, nur auf bescheidene Auskünfte zu Datum, Ort, äußerem Zustandekommen, zumindest formulierte ich sie so. Ohne mir völlig über meine Absicht im klaren zu sein, versuchte ich jedes Detail meiner imaginären Rekonstruktionen durch sein reales Äquivalent, wie Jacques es vielleicht in Erinnerung hatte, zu ersetzen, ich wollte das hypothetische Modell eines Bildes sehen, das ich mit geschlossenen Augen bereits gemalt hatte. Doch wenn Jacques mir antwortete, was selten vorkam, und einige konkrete Details präzisierte, trat dieses Modell nicht an die Stelle des imaginären Bildes, eher fügte es diesem noch ein paar Tupfer hinzu, die es noch schmerzlicher machten. Gern hätte ich Zugang zu seinen sämtlichen Notizkalendern aus mehreren Jahren, zu seinem Tagesablauf Stunde um Stunde gehabt und über Aufzeichnungen aller seiner Verabredungen verfügt. Ich versuchte, mich aus dem Blutegelsumpf herauszuziehen, ich wollte den Mann mit dem reinen Gewissen wiederfinden und die Unbekümmertheit, in der er lebte.

Nach langem Hinauszögern hatte ich eine erste Frage riskiert, so einfach und kurz formuliert wie nur irgend möglich: »Zu dem Essen bei den Soundsos, bist du da mit L. hingegangen?« Kaum hatte ich den Satz ausgesprochen, reagierte Jacques auch schon mit einem Wutausbruch. Er halte meine »krankhafte Eifersucht«, mein »masochistisches Gequatsche« nicht mehr aus. Vorsichtig versuchte ich noch einmal zu betonen, wie harmlos doch in Wirklichkeit mein Ansinnen sei: Er brauche es mir nur zu bestätigen, dann würde ich nicht mehr daran denken. Doch Jacques hörte mir nicht mehr zu, auch er habe gelitten, leide noch immer, und deshalb habe er Anspruch darauf, dass ich ihn damit verschone. Ich gab mich geschlagen. Wer sich so äußerte, konnte mir nicht mehr die Pforten zu seinem Garten Eden öffnen, und ich konnte nur noch versuchen, meinerseits sein Mitleid zu erwecken mit Argumenten, die ungefähr auf Folgendes hinausliefen: Dass er sich hauptsächlich mit sehr jungen Frauen umgebe, stigmatisiere mich mit meinem Körper einer reifen Frau; er schenke ihnen eine väterliche Aufmerksamkeit, die mir entzogen werde; unsere Freunde duldeten es, dass seine Liebschaften vor mir verheimlicht würden, was mich in ihren Augen lächerlich mache.

In einem unserer ersten Gespräche, nachdem ich Einblick in sein Tagebuch gehabt hatte, überraschte ich mich dabei, in schnippischem Ton anzukündigen, ich würde gern die kosmetische Chirurgie zu Hilfe nehmen: Müsse ich denn jetzt nicht mit zwanzigjährigen Rivalinnen rechnen? Noch nie war ich auf eine derartige Idee gekommen (und habe übrigens auch nie wieder daran gedacht). Als ich diese unerwartete Bitte formulierte, hatte ich das Gefühl, dass ich mir das Verhalten, ja fast sogar die äußere Erscheinung einer waschechten Bourgeoise zu eigen machte, einer von der altmodischen Art wie in den Fotoromanen aus meiner Jugendzeit, die auf ihr Äußeres hielten und auf die Seitensprünge ihres Ehemannes zu reagieren wussten; ich war so weit in die Rolle geschlüpft, dass ich wie eine ausgehaltene Frau um Geld bitten musste und mich so getröstet fühlte, als hätte ich mich in einen eleganten Pelzmantel gehüllt. Ich sagte das im Sitzen, es fehlte nicht viel und ich hätte die Beine übereinandergeschlagen, einen Ellbogen auf den Schenkel und das Kinn in die Hand gestützt. Auf gleiche Weise hatte mir einmal vor langer Zeit ein anderes Stereotyp nach einem extrem schmerzlichen Ereignis vorübergehend geholfen. Als meine Mutter sich umbrachte, waren alle anderen Mitglieder meiner engeren Familie, meine Großmutter mütterlicherseits, die bei uns gelebt hatte, mein Vater und mein Bruder, in den Jahren davor gestorben, so dass ich die Gewaltsamkeit dieses Selbstmords ohne deren Beistand und deren persönliches Verständnis verkraften musste. Jahrelang war ich davon überzeugt, diese Tragödie habe mir mein aus Kindertagen bewahrtes Vertrauen in die Zukunft genommen, ohne dass ich imstande gewesen wäre, auszumachen, auf welche Ziele genau ich hatte verzichten müssen, und deshalb empfand ich eine Hilflosigkeit, die das mit Lektüre vollgesogene, ehrgeizige kleine Mädchen, das ich war, außer Fassung brachte. Ich hatte versucht, mich mit Jacques darüber auszusprechen, und eines Tages fiel mir nichts Besseres ein als der Satz: »Ich bin am Tod meiner Mutter zerbrochen.«

»Was soll denn so ein Gemeinplatz?«, antwortete er schroff, wenn auch mit der besten Absicht der Welt, um mir aus dieser Tragödie herauszuhelfen. Aber da fühlte ich mich erst recht wehrlos und obendrein noch gedemütigt, weil ich in flagranti bei einer Phrase ertappt worden war. Doch irgendwann in den folgenden Tagen beschloss ich, dass ich das Wort »zerbrochen« nicht aufgeben würde, auch wenn es meistens nur so dahergeredet und übertrieben gebraucht und dadurch entgegen seinem ursprünglichen Sinn emphatisch aufgeladen wird. Ein Allgemeinplatz wird nicht umsonst als allgemein bezeichnet. Wenn wir darauf zurückgreifen, tun wir es nicht nur, weil es uns in dem Moment an der nötigen Klarheit oder Einsicht oder auch an Bildung fehlt, ein klügeres oder passenderes Vokabular zu verwenden, sondern auch, weil wir eine Gemeinschaft brauchen. In der Bestürzung über ein Unglück, aber auch in der Freude über ein großes Glück ist der Mensch der Einsamkeit, in die er mit seinen extremen Gefühlen gerät, nicht gewachsen; deshalb versucht er, seine Gefühle mit andern zu teilen, was auf ihre Relativierung, das heißt, auf ihre Abschwächung hinausläuft. Sicher, ich hatte geredet wie in einer Fernsehsendung mit Betroffenen, aber gegebenenfalls hätte ich tatsächlich nicht gezögert, mich auf ein Podium zu begeben, um mich davon zu überzeugen, wie gewöhnlich und leicht es ist, zu sagen, man habe eine depressive Mutter gehabt, die aus dem Fenster gesprungen sei, und dann das eigene Leid in dem Lärm fruchtloser Diskussionen untergehen zu lassen. Als ich die Möglichkeit eines Liftings andeutete, projizierte ich mich damit in die konventionelle Rolle einer Frau hinein, die an äußerliche Lösungen glaubt, und in dieser Phase, als ich so tief verstört war, war es sehr erholsam, mich dem schlichten Denken der großen Masse anzuschließen. Außerdem hatte ich schon angefangen, meine imaginären Szenarios von Jacques' Sexualleben nach den stereotypen Mustern zu entwerfen, die ich beschrieben habe und die ich nun durch das stereotype Verhalten, das ich selbst an den Tag legte, in die Realität importierte. Anders gesagt, Stereotyp und Wirklichkeit verschmolzen zu einem einzigen Lebenskontinuum. Das Alter der betrogenen Frau, die Neigung des reifen Mannes zu den sehr jungen Frauen wie auch der Spott der Gesellschaft über die Gehörnten sind alles Konstanten des emotionalen und sexuellen Imaginären. Sie lieferten mir einige Anhaltspunkte, deren Gewöhnlichkeit mich wenig kümmerte, und vermittelten mir die Illusion, in der Realität kleine Fortsetzungen meiner Phantasmen zu erleben. Die Episode mit der Dame, die sich verjüngen lassen will, deren Text ich in einem tatsächlichen Dialog mit Jacques sprechen konnte, ergab sich als logische Folge aus einer der Episoden, in denen ich ihn zum Beispiel im ehelichen Heim in Gesellschaft einer jungen Freundin überraschte, was in dem Fall nur eine schlimme Phantasie war. Selbstredend erwiesen sich alle diese Argumente als ungeeignet, Jacques die Schlüssel zum Verständnis dessen zu liefern, was mich in eine derartige Verzweiflung stürzte; sie hielten ihn sogar davon ab, Mitleid zu empfinden.

Mitunter, wenn sich die Auseinandersetzungen bis tief in die Nacht hingezogen hatten und wir nebeneinander im Bett lagen, auf dem Rücken, wie zwei Tote, in ein Dunkel starrend, das allerdings weniger dunkel war als das ihre, so nah beieinander wie sie und gleichzeitig getrennt durch die Furche zwischen den Falten des Lakens, wenn das Salz der getrockneten Tränen meine Wangen verkrustete und alle meine Worte zu einer schwarzen Materie zusammenklumpten, die mir den Mund verstopfte, dann erwartete ich kein Wort mehr von ihm, sondern nur noch eine Geste. Ich sagte: »Mach eine Geste.«

Ich hätte Mitleid gewollt, Mitleid, wie ich selbst es angesichts bestimmter Blicke empfand, der Blicke von alten Leuten, die körperlich zu schwach sind, um über ihre häusliche Umgebung hinaus die Welt noch wahrzunehmen, von Kindern, denen man bestimmte Schlüssel zur Welt vorenthält, oder von Tieren, die mit der Schnauze am Boden ihren Weg suchen, und die allesamt nicht in der Lage sind, den Sinn eines Leids zu erfassen, das sie bedrückt. Ihr ganzes Wesen geht in diesem Leid auf, und der Blick, den sie fest auf die wissenden, verantwortlichen Männer und Frauen gerichtet halten, drückt aus, wie sehr sie dem Unglück verhaftet sind. Ich glaube aufrichtig, dass ich ähnlich gläubig war, als ich selbst litt und keine anderen Erklärungen dafür liefern konnte, als die Sprache sie transportiert, ohne tiefer aus dem Fundus persönlicher Gefühle zu schöpfen. Vielleicht hätte ich mich besser verständlich machen können, wenn ich, statt Klischees zu benutzen und statt unbedeutende alltägliche Ereignisse im Sinn meiner Phantasmen zu verdrehen, angefangen hätte, diese Phantasmen zu erzählen. Das ist mir nie in den Sinn gekommen, denn vermutlich hätte mich mein Unbewusstes niemals das Wagnis eingehen lassen, Jacques in das Geheimnis meiner Masturbationsphantasien einzuweihen, in denen es um nichts anderes als um seine Ausschweifungen mit anderen ging. Ich konnte nicht maximale Aufmerksamkeit von ihm fordern, wie ich es in solchen Augenblicken tat, und ihm gleichzeitig den Roman anvertrauen, in dem ich durch seine Gleichgültigkeit und seine Verachtung aus seinem Sexualleben ausgeschlossen wurde. Ausgerechnet von ihm, den ich zum Vollstrecker meiner unerträglichen und genüsslichen Qual gemacht hatte, erwartete ich die Erlösung. Wie erkaltende Lava breitete sich der schwarze Schlamm in meinem Mund aus, und bald blieb mir als sensibles Organ nur noch meine Haut, also hoffte ich, Jacques würde mit seinem Zeigefinger leicht darüberfahren und sie erregen.

Es kam vor, dass er sich wortlos der leblosen Marionette

an seiner Seite bemächtigte und ihr, aufgerichtet zwischen ihren Schenkeln, den Unterleib hob. Ich ließ ihn machen, ebenfalls ohne etwas zu sagen, ließ Körper und Glieder los und ließ mich durchschütteln, und das Elend, das mich wenige Augenblicke vorher noch überwältigt hatte, brachte die Lust zum Anschwellen, bis die Welle mich mitriss. Danach schliefen wir endlich ein.

Aber nicht immer fand die Krise ein solches Ende, und immer häufiger legte sich plötzlich ein Schweigen anderer Art zwischen uns, das mir bis heute rätselhaft geblieben ist. Nie verstand ich, warum Jacques immer öfter durch sein Verstummen die Auseinandersetzungen abbrach, nie begriff ich, was ihn in einem bestimmten Augenblick dazu bewog. Er drehte sich auf die Seite, ich fragte ihn, ob er böse sei, er sagte nein, und damit war Schluss, ich erhielt keine Antwort mehr, ich konnte mein Glück am nächsten oder übernächsten Tag erneut versuchen, mich auf seinen Arm stützen, seinen Namen rufen, als sähe ich ihn in der Ferne verschwinden; ich konnte umgekehrt versuchen, ihn durch leises Sprechen glauben zu machen, die Krise sei vorüber, oder ihn bitten, er möge wenigstens die Formulierung, den Vorwurf, mit dem ich ihn verletzt hatte, wiederholen, er entzog sich, versicherte mir, man müsse die Zeit arbeiten lassen, es werde vorbeigehen, und tatsächlich zwei, drei, vier Tage später, ohne dass ich besser verstand, was ihn jetzt dazu brachte, sprach er mich wegen irgendetwas Banalem an, und diesmal waren der Ton, der Fluss seiner Stimme frei und ungezwungen. Sosehr mich die rätselhafte Gestalt, die meine Phantasien beschäftigte, faszinierte, sosehr beraubte mich die Rätselhaftigkeit der realen Person aller Mittel und Möglichkeiten. In den Phasen des Schweigens hatte Jacques ein Gesicht wie ein Passant auf der Straße, der, mit seinen Gedanken beschäftigt, unbeirrt seinen Weg geht und der sich, wenn er aus Unaufmerksamkeit einen anderen Passanten anrempelt, mit abwesendem Blick höflich entschuldigt. Am schlimmsten war, dass Jacques mit der Gleichgültigkeit, die ich mir in meinen Phantasien immer wieder ausmalte, Panik bei mir auslöste, wenn er sie in Wirklichkeit an den Tag legte. Ich war dann nicht imstande, den Moment abzuwarten oder vorwegzunehmen, wenn er sich mir wieder zuwenden würde – oder besser gesagt, ich versank für alle Ewigkeit in das Warten darauf.

So war ich mit der Zeit stolz auf mich, wenn ich acht oder zehn Tage zählen konnte, an denen es allenfalls Spannungen zwischen uns gab, aber keinen Verstoß gegen die Regeln und ich nicht dem Sog der Treppe hinauf zu seinem Arbeitszimmer erlegen oder, wenn ich doch schwach geworden war, mir die Bitten um Erklärung, die dem früher oder später folgten, verkniffen hatte. Zu dieser Zeit fing ich an, mich für die Aussagen von Männern zu interessieren, die Vergewaltigungen begangen hatten, vor allem für die rückfällig gewordenen, einen hatte ich im Fernsehen gesehen, von anderen hatte ich Artikel mit ihren Aussagen gelesen, und sie beschrieben den gleichen Prozess, den ich in meinem Zusammenhang zu erkennen gelernt hatte. Fast alle nehmen nicht etwa auf einen Wahn Bezug, der sie blind gemacht und sie daran gehindert hätte, die Folgen ihrer Tat abzuschätzen, sondern im Gegenteil auf ein helles, starkes Licht, das das Drama, in dem sie das handelnde Element sind, beleuchtet. Man könnte meinen, dass dieser Lichtstrahl den gleichen Aufforderungscharakter hat wie Scheinwerfer, die sich auf einen Schauspieler richten, wenn er die

Bühne betritt. Das Bewusstsein tut alles andere, als das Auftauchen des Bösen zu verhindern, im Gegenteil, es fasst dieses mit lauter schmückenden Brillanten ein: Man spürt das Erwachen des Triebs, man weiß ganz genau, welche Verheerung er anrichtet, man ist nach wie vor imstande, bei dem Versuch, ihn zu unterdrücken, die eigenen moralischen Kräfte und die eigene Urteilsfähigkeit zu mobilisieren, doch nichts hält die Tat auf, die man schließlich trotzdem begeht. Erst dann wird alles schwarz, Gewissensbisse und Schuldgefühle vernebeln den Geist, denn die Funktion des Triebs ist es, am Ende nicht nur einige Teile des Bewusstseins zu verdunkeln, sondern es ganz und gar wegzufegen; es wurde nur wachgehalten, um besser vernichtet werden zu können. Wenn ich nach langem Abwägen meiner Worte schließlich entschieden hatte, es sei besser, nichts zu sagen, und diese Entscheidung mit tausend Argumenten untermauert hatte, wie zum Beispiel, Jacques werde sich sonst womöglich ins Schweigen zurückziehen, was mir ein schlimmeres Leiden bescheren würde als der Zweifel, der im Moment an mir nagte; wenn ich mich trotzdem unter der Wirkung einer plötzlichen Amnesie, die alle diese Überlegungen beiseite schob, die verhängnisvolle Frage aussprechen hörte, dann schuf ich tatsächlich die Voraussetzungen für das Schicksal, das ich in meinen Phantasien für mich vorgesehen hatte: Ausgestoßen aus Jacques' Leben war ich vernichtet.

Erst später wurde mir die Verbindung zwischen Masturbation, Voyeurismus und der Lust an Zwang und Ausschluss klar. Der Masturbierende ist Zuschauer seiner eigenen Phantasmen, die er entweder in pornographischen Bildern oder Büchern wiederfindet, oder er denkt sie sich aus, anknüpfend an Szenen, die er wirklich erlebt oder aus der Wirklichkeit erschlossen hat; im wesentlichen reagiert er also auf das, was seinen Blick anzieht. In bestimmten Situationen genießt er reale Szenen unmittelbar; dann ist der Masturbierende ein Voyeur. Aber der Voyeur erlangt seine Visionen heimlich, mehr oder weniger verbannt in ein Versteck, zumindest kontrolliert er seine Bewegungen und seine Atmung, um nicht entdeckt zu werden oder nicht zu stören, wenn die, die sich vor seinen Augen paaren, über seine Anwesenheit unterrichtet sind. In allen Fällen entzieht er sich der Szene, selbst wenn er sie anordnet, so wie Dalí Abendgesellschaften organisierte, bei denen er den anderen ihren Platz zuwies, während er selbst nur sein eigenes Geschlecht berührte. Dalí gestand schließlich, er »brauche niemanden«. Die Gewohnheit, beiseite zu treten, sich zu verstecken, hat eine lange Geschichte: Das masturbierende Kind ist unter der doppelten Drohung von Strafe und Scham zur Heimlichkeit gezwungen, und wer als Zuschauer bei seinen phantasierten Kopulationen oder bei den Kopulationen anderer auf diese Lust nicht verzichten möchte, ist deshalb damit vertraut, sich unter die Bettdecke, in Toiletten, Schränke oder Türecken zurückzuziehen oder das Auge durch Nadelöhre von Schlüssellöchern schlüpfen zu lassen, während der gesamte Körper sich angestrengt zusammenzieht, als müsse er ganz und gar hindurch. Es ist eine Gewohnheit, die sich nach der Gesetzmäßigkeit, dass die Bedingung einer Lust mit dieser Lust selbst verbunden wird, zu einer Neigung entwickeln kann. Der Masturbierende liebt später die Einsamkeit, besser gesagt, er pflegt das ihm angenehme Gefühl, zur Einsamkeit gezwungen, das heißt, aus dem gemeinsamen Raum vertrieben und ausgeschlossen zu sein. Salvador Dalí, der »große Masturbator« (um den Titel eines seiner berühmtesten Bilder aufzunehmen) und große Paranoiker (wie der große Träumer Jean-Jacques Rousseau), entwirft eine merkwürdige Theorie der Formen, die diesen Zustand widerspiegelt. Er behauptet, die Materie nehme ihre Form durch Einwirkung des Raumes an, dadurch komme es zu Aufblähungen und Ergüssen. Nach dem, was er von seiner einzigen Fahrt mit der Metro berichtet, muss er wohl gedacht haben, selbst auf diese Weise »geformt« worden zu sein. Er habe den Eindruck gehabt, »durch einen Darm gewirbelt« zu werden, habe aber, als er »ausgespuckt«, »erbrochen« wurde, die »Offenbarung« einer schöpferischen Wiedergeburt erlebt. (Das Thema der Geburt und der Möglichkeit für den Künstler, die Austreibung aus dem Mutterleib wiederzuerleben, neu geboren zu werden, findet sich häufig in seinem Werk.) Ist es nicht bezeichnend, dass sich jenes zwiespältige Gefühl, das ich auf dem Familienausflug – ohne meine Mutter – im Park von Saint-Cloud erlebte, als man mich beim Spiel überging, weil man mich vergessen hatte und ich sogar innerhalb der Gruppe unsichtbar geworden war, in meiner Erinnerung mit der Zeit meiner ersten Regel verbindet? Lange litt ich wie viele Frauen in den Tagen vor der Regel so stark unter dem Gefühl, von den mir Nahestehenden nicht mehr geliebt zu werden, dass es mich zum Weinen brachte, was aber mit einer rührseligen Befriedigung verbunden war. Und die Hartnäckigkeit bei der Arbeit, die man mir nachsagt, meine Fähigkeit, mich über lange Phasen, die übrigens von onanistischen Zwischenspielen unterbrochen sein können, auf eine Aufgabe zu konzentrieren, wenn um mich herum Trubel herrscht und man sich amüsiert, hat sicher durchaus etwas von dieser Art des Lustgewinns. Die Arbeit, die frei gewählte eingeschlossen, ist das Mittel, mit dem die Gesellschaft Druck auf das Individuum ausübt; aber wenn es von der Arbeit wirklich gepackt wird, ist diese gleichzeitig der Weg, auf dem das Individuum der Gesellschaft entkommt. Denn wie die Psyche sich dem Zwang unterwirft, um sich ihm später desto leichter wollüstig entziehen zu können, so werden Glied oder Klitoris durch die Hand des oder der Masturbierenden heftig gerieben bis zur höchsten Erregung und ihrer Auflösung im Orgasmus.

Unser kleiner Eingangsflur hat eine niedrige Decke und liegt meistens im Dunkeln, eine Schleuse sozusagen, eine kurze Verengung zwischen der gerade durchquerten Enfilade der Höfe und dem großen Zimmer, das durch seine Ausmaße überrascht. Dieser Flur ist kaum mehr als einen Meter breit, gerade breit genug, damit ich meinen Körper mit einem Ruck von einer Wand gegen die andere schleudern konnte. Ich schlug nicht nur mit dem Kopf oder mit den Handflächen gegen die Wand, sondern auch mit dem Oberkörper und den Schultern. Die Bewegung war heftig, aber nicht schnell, eher konzentriert und gleichmäßig. Um sie zum Stillstand zu bringen, umfasste Jacques meine Taille.

Wenn ich an diese Anfälle zurückdenke, kann ich ermessen, wie wertvoll die Bildpartikel sind, die beim Lesen oder bei der Betrachtung von Gemälden, Fotografien, Schauspielen aller Art auf den tiefsten Grund unseres Gedächtnisses fallen und sich schließlich zu unserem sehr persönlichen emotionalen Erbe verfestigen. Bei Bedarf schöpfen wir daraus Muster, mit denen wir unsere eigenen Lebensumstände und unsere Reaktionen darauf vergleichen können; sie bilden einen Sockel, der uns bei den Problemen, die uns umtreiben, Halt geben kann. Und wenn uns unsere Persönlichkeit für ein Werk oder ein bestimmtes Detail empfänglich gemacht hat, gibt uns möglicherweise dieses Werk oder jenes Detail gemäß einer perfekten Dialektik eine bestimmte Haltung oder Geste vor. Und wie ein Maler, der seine Staffelei in der Natur aufstellt, niemals ganz nach der Natur malt, sondern diese durch den Filter seiner Bezugnahmen auf andere Maler sieht, genauso trägt das, was wir unsere »Natur« nennen – unsere spontansten Äußerungen von Liebe, Hass, Freude oder Verzweiflung –, das Siegel unserer Lektüren und ästhetischen Vorlieben. Als ich mich vor Jahren für die Malerei von Jackson Pollock interessierte, fiel mir ein Element besonders auf: Mit dem Ausrollen der Leinwand auf dem Boden hatte er im Gegensatz zu der weichen, auf einen Rahmen gespannten Leinwand bewusst den Widerstand einer harten Oberfläche gesucht. Als ich den Film von Hans Namuth über Pollock sah, war ich überrascht, dass sich der Maler bei der Realisierung eines Drip Painting an einem schmalen Rand seitwärts bewegte, wobei er den Fuß immer flach auf den Boden aufsetzte, als schlage er den Takt. Und den Zip in den Bildern von Barnett Newman habe ich immer als schmalen Schlitz in riesigen hermetisch geschlossenen Flächen wahrgenommen. Dieses spezielle Thema des Zusammentreffens eines Körpers mit einer harten oder geschlossenen Fläche muss mich hinlänglich beschäftigt haben (und zwar schon lange vor dem Tod meiner Mutter, wenn ich meiner Arbeit über Pollock und Newman glauben darf), denn ich griff es später wieder auf, als ich über Yves Klein schrieb, insbesondere über seine Anthropometrien, und nochmals, Jahre nach der Episode, von der ich hier berichte, in Zusammenhang mit Dalí. Wenn jemand, das schließe ich aus diesen Beispielen, dessen Blick auf schwindelerregende Weise vom ununterbrochenen Fließen der Farbe oder von deren Ausbreitung angezogen wird oder vom Unendlichen des Himmelsblaus oder vom Ablauf der eigenen Halluzinationen, wie sie für die paranoisch-kritische Methode typisch sind, dann verspürt er das Bedürfnis, den Körper mit einem Prellbock aufzuhalten. Daher gibt es in Kleins Werk neben dem Streben nach der Unendlichkeit der blauen Monochrome gleichzeitig die Aneignung der Leere und den Aufprall der Körper auf eine undurchdringliche Fläche. In Dalís Schriften fielen mir spontan alle Anspielungen auf eine Berührung mit derartigen Flächen auf, zum Beispiel wenn er in *Das geheime Leben des Salvador Dalí* schreibt, er habe auf einem Bett geschlafen, das sei so hart gewesen, als wäre es »mit trocknem Brot gestopft«, habe aber »das Verdienst« gehabt, ihn daran zu erinnern, dass er einen Körper besitze.

Dieses Erbe ermöglicht uns noch lange nicht, die wahnwitzigen und manchmal ungeheuerlichen Verhaltensweisen, zu denen wir fähig sind oder die wir bei anderen entdecken, wirklich zu analysieren; aber wenn wir sie zu den Mustern in Beziehung setzen, die einem erhabeneren und oft abstrakteren Register angehören, das im Notfall des Leidens eine Erklärung ersetzt, dann hilft uns das, unser Verhalten zu akzeptieren – und nicht völlig verrückt zu werden. Wenn die Kunst imstande ist, uns über unsere Lage zu erheben, ist es auch eine ihrer Funktionen, unabhängig von ihrer Qualität oder Kompliziertheit, jedem von uns, nach Maßgabe seiner Bildung Motive zur Verfügung zu stellen, mit deren Hilfe er sich im Alltagsleben und im Strom seiner Gefühle zurechtfinden kann.

»Du bist völlig verrückt«, sagte Jacques, ohne es natürlich wörtlich zu meinen, eher so wie man von jemandem, der sich übertrieben, extravagant oder tollkühn gebärdet, sagt, »er ist verrückt«, »sie ist verrückt« – einfach nur, weil er erschrocken war, mich in diesem Zustand zu sehen. Einen Teil meiner Zurechnungsfähigkeit musste ich tatsächlich eingebüßt haben, wenn der physische Schmerz, den ich beim Aufprall gegen die Wand empfand, die Wirkung haben konnte, den seelischen Schmerz ein wenig zu lindern. Als mich später die Erinnerung an diese Szene erneut quälte und demütigte, ich es aber mit dem Bild von Pollock bei seiner Arbeit überblenden konnte oder mit dem von Kleins weiblichen Modellen, die mit gleichgültigem oder einfach nur konzentriertem Gesichtsausdruck das Maximum ihrer Hautoberfläche gegen ein großes an die Wand geheftetes Stück Papier drücken, lieferte mir zwar keines dieser Beispiele den Schlüssel zu meinem Verhalten, aber sie skizzierten so etwas wie ein Paradigma, in dem es aufgehoben war, und ermöglichten mir damit, es zu akzeptieren und es nicht in den bodenlosen Brunnen des Verdrängten zu werfen. Das ist das Minimum an rationalem Denken, das wir an den Tag legen können, wie ein Forscher, der ein unbekanntes Objekt entdeckt, es in einer Schublade verstaut oder es auf der Basis einer einfachen formalen Analogie in eine Kategorie einordnet und die Überprüfung seiner Kategorisierung auf später verschiebt.

gelesen hatte, die Angst, eines Tages lebendig begraben zu werden. Dann schlossen sich meine Fäuste, und Jacques gelang es nicht, sie wieder zu öffnen.

In einer Kippbewegung richtete ich den Oberkörper auf, und die Fäuste schlugen gegen Schädel, Gesicht und Brust. Wie wenn ich mich gegen die Wand warf, hatte der physische Schmerz die Kraft, mich völlig zu absorbieren und dann, wenn er am heftigsten und genau lokalisiert war, den anderen Schmerz zu lösen, der so übermächtig ist, dass er sogar die eigene Ursache auslöscht. Der Mechanismus ähnelte dem, was mir einmal ein Bewegungstherapeut erklärt hat: Er empfahl mir, mit aller Kraft auf den schmerzhaftesten Punkt einer Muskelverspannung zu drücken, denn es gibt so etwas wie ein Jenseits des Schmerzes; wenn dieser sein Maximum an Heftigkeit erreicht, schützt sich das Gehirn dadurch, dass es sich weigert, ihn zu registrieren, und man findet für einen kurzen Moment Erleichterung.

An dieser Stelle meines Berichts habe ich für die Beschreibung solcher anfallartigen Momente nicht mehr viele Bilder zur Verfügung, keine gesehenen oder »gelesenen« Bilder, die mir als Anhaltspunkte dienen und bei der Rekonstruktion helfen könnten. Hier müsste ich Jacques zum Erzählen auffordern, aber dann wäre es nicht mehr wie bisher ein Bericht aus der Innenperspektive meines Körpers. Was ich mir am deutlichsten vergegenwärtigen kann, ist die ungeheure Kraft, die in mir aufkam, wenn Jacques meine Arme oder meine Schultern festhalten wollte, das überraschende Gefühl, dass ich ihm körperlich überlegen und von unbändiger Gewalt erfüllt war. Ich konnte abschätzen, wie weit ich ihm Widerstand leisten oder ihn zurückstoßen konnte, und dass eine winzige zusätzliche Anstrengung, zu der ich auch noch fähig gewesen wäre, ausgereicht hätte, um ihn zu Boden zu werfen. Beim Ausbruch dieser Gewalt, in der ich über mich selbst hinauswuchs, dachte ich manchmal, wie leicht es wäre, die gesamte Umgebung, die mich wenige Augenblicke vorher noch erdrückt hatte, hinwegzufegen und zu zerstören. Es war dieses Gefühl, nicht Jacques' Eingreifen, das diente nur als Auslöser, was mich schließlich bezwang und wieder einen schmalen Streifen von Bewusstsein aufschimmern ließ. Immerhin bin ich ja nicht verrückt, und eine dritte Kraft brach sich Bahn und kämpfte gegen die anderen an: das Erkennen der Situation. Nicht, dass ich begriffen hätte, wie es mit mir dahin gekommen war, was die Ursachen für mein Leiden oder für Jacques' Reaktionen waren, nein, natürlich nicht, es war eine eher prosaische Einsicht, die mich daran hinderte, Jacques zu verletzen oder Gegenstände zu zerbrechen. Die Vernunft äußert sich zunächst nicht in Überlegungen, sondern in deren scheinbarem Gegenteil, den Automatismen, die bewirken, dass jemand, der von einem großen Unglück, von Trauer oder einer schweren Krankheit betroffen ist, seinen Schmerz oder seine Angst nicht durch metaphysische Reflexionen heilt, sondern dadurch, dass er die Bewegungen seines Körpers zwischen den Gegenständen in seiner Umgebung organisiert, indem er sich systematisch den Platz jedes einzelnen vorstellt – zum Beispiel fängt er an, sauberzumachen – oder indem er lernt oder wieder lernt, seinen Körper zu ernähren, als müsste er den Weg des menschlichen Bewusstseins von den ersten Überlebenshandlungen an noch einmal durchlaufen.

Ich kenne die Wollust des Schluchzens; in bestimmten Phasen meines Lebens stellte es sich als Fortsetzung des Orgasmus ein. Nach den Kontraktionen waren die Spasmen in der Brust das Ventil, durch das der Druck entwich, unter dem sich die Gliedmaßen verkrampft hatten. Es waren keine Tränen der Wut, es waren Tränen des Aufgebens, der Verzweiflung, wie die Tränen, in die man als Kind ausbricht, wenn man darauf verzichtet, auf die Welt der Erwachsenen Einfluss nehmen zu wollen, und sich ihnen in sklavischer oder animalischer Verantwortungslosigkeit nur noch zu überlassen braucht. Manchmal wurde diese Erleichterung von Phantasmen unterstützt, ganz verschwommenen Selbstmordgedanken. Ich habe mich, glaube ich, in Bezug auf meine Person niemals ernsthaft mit Selbstmord beschäftigt und habe auch keine psychische Veranlagung, die mich dazu verleiten könnte, doch in diesem Fall ermöglichte mir der Gedanke daran den Rückzug aus einem von seelischem Schmerz besessenen Körper. Es waren Bilder, die kaum Form annahmen, wie eine durch Mattglas gesehene Szene ohne identifizierbares Detail, und manchmal machte ich sogar, um dieses Scheinbild zu vermeiden, eine Geste, die ich nicht sehen konnte, ich richtete zwei Finger gegen die Schläfe oder in den Mund.

In der Zeit dieser Anfälle wurde mir bewusst, wie stark sich meine Erwartung in puncto Befriedigung auf den Mund bezieht. Ich wusste schon, dass ich bei längerem Nachdenken oder innerer Unruhe instinktiv den Zeigefinger der rechten Hand, manchmal auch den Daumen in den Mund steckte, denn als ich mich eines Tages sogar in der Metro gedankenverloren zu dieser Geste hatte hinreißen lassen, kam ein Unbekannter auf mich zu und hänselte mich: »Huu! Das macht man aber nicht. In Ihrem Alter!« Und außerdem hatte ich immer großen Gefallen an der Fellatio gefunden. Manchmal in dem Zwischenzustand, in dem wir nicht mehr recht wissen, ob wir völlig leer oder zu voll sind, um uns noch rühren zu können, kam ich schließlich zur Ruhe, wenn ich, an Jacques geklammert, die halb geöffneten Lippen auf seinen Arm drückte und ganz leicht daran saugte. Aber sofort lief dann die innere Kamera an, die Gott mir hinterlassen hat, als er mich verließ, und nahm ihre unermüdliche Überwachungsarbeit wieder auf. Sie verschonte mich nicht mit der Lächerlichkeit dieses angekuschelten Körpers, der für ein derart infantiles Verhalten viel zu groß, viel zu entwickelt war, doch Jacques ließ mich gewähren, und es dauerte auf keinen Fall lange, denn ich hörte schnell auf zu saugen und benetzte nur meine Lippen in der kleinen Spuckenlache, die sie auf seiner Haut hinterlassen hatten.

Das blaue Zimmer

Die heftigsten Krisen spielten sich in unserem Haus im Süden ab. Weniger abgelenkt durch gesellschaftliche Verpflichtungen als in Paris konnte ich mich völlig meinen Visionen von einem priapischen Jacques hingeben und dessen Abenteuer variieren. Und beide hatten wir Zeit, uns auf längere Gespräche einzulassen. Das Haus selbst übte auf meine Paranoia einen wesentlich größeren Druck aus. Grundsätzlich ist unsere Privatsphäre durch das Haus klarer abgegrenzt; umso empfindlicher reagiere ich auf Störungen. Jacques hält sich dort häufiger auf als ich; er war mit der einen oder anderen seiner Freundinnen hingefahren. Obwohl das Mobiliar und die Einrichtungsgegenstände von uns beiden ausgesucht und angeordnet worden sind, fing ich an, mich wie eine Besucherin zu verhalten, die sich vorsieht und ihre Bewegungen einschränkt, um nicht eine Ordnung zu stören, die nicht ihre eigene ist. Ich war ein Schattenbild, das man irgendwo ausgeschnitten und in 3D-Bilder eingefügt hatte.

Doch an diesem Morgen war alles ruhig. Jacques ging wie gewohnt Zeitungen kaufen. Ich brauchte einen Briefumschlag. In einem ungeordneten Haufen in dem Regal neben seinem Schreibtisch fand ich einen. Er hatte die Größe, die ich suchte, aber als ich ihn öffnete, stellte ich fest, dass er schon ein Blatt Papier enthielt. Natürlich hätte ich dieses Blatt nicht herausziehen dürfen, Jacques hat es mir hinterher oft genug vorgeworfen, aber ich hatte den schon beschriebenen Automatismus entwickelt. Angelockt wurde ich, weil ich unterbewusst eine Heftseite erkannt hatte. Die erste Zeile lautete: »Ich reiße diese Seite heraus, weil ich weiß, dass Catherine mein Tagebuch liest. Dies darf ihr nicht in die Hände fallen.«

Ich lese, dass er im Pradié ist, dem Haus unseres Freundes Bernard im Aveyron. In Begleitung von Blandine und einer Freundin von ihr. Er amüsiert sich über das aufgedrehte Verhalten der beiden älteren Männer gegenüber den jungen Frauen. Sie fotografieren sie, die Frauen ziehen sich auf ihre Bitte hin aus. Blandine teilt das Bett mit ihm, weigert sich aber zu vögeln. Immerhin darf er sie lange streicheln, und sie schlafen eng umschlungen ein. Er macht eine Bemerkung über ihre meistens geringe Libido und eine weitere über die Form ihrer Brüste oder vielleicht über deren weiche Haut. Nach ein paar Tagen muss die Freundin zurück nach Paris, sie bringen sie zum Bahnhof. Das Datum oben auf der Seite liegt wenige Wochen zurück.

Ich fing so stark zu zittern an, dass ich den Füller, mit dem ich sofort an Jacques schrieb, kaum halten konnte. Wenn der Geist sich auflöst und unser Blick an den Gegenständen vor unseren Augen hängenbleibt, ohne sie durchdringen oder deuten zu können, das heißt, ohne durch den inneren Blick ersetzt zu werden, verlieren auch unsere Gliedmaßen ihre Festigkeit. Als müsste man Gedanken haben, damit der Körper zusammenhält! In dem kurzen Brief schrieb ich nicht viel. Nur, dass ich die Seite gefunden hätte, und ansonsten habe ich wohl die gleichen Worte hingekritzelt, mit denen ich auch die Anfälle abzuwenden versuchte: »Jacques … Bitte … Ich leide zu sehr … Hilf mir …« Da mir die Beine versagten, legte ich mich aufs Bett.

So heftig am ganzen Körper gezittert hatte ich nicht mehr, seit ich bei einem Anruf von der Polizei gebeten worden war, »so schnell wie möglich zu kommen«, weil meine Mutter einen »Unfall« gehabt habe, und die Stimme mir auf mein Drängen hin schließlich mitteilte, sie sei tot. Ich wankte, aber obwohl mein Bewusstsein teilweise neutralisiert war – der plötzliche Einbruch des Todes katapultiert uns mit einem Schlag in ein uns völlig unbekanntes anderes Leben –, blieb meine Wahrnehmung sehr scharf und konzentriert: Vor allem schaffte ich es bis zur Toilette, und dort schaute ich im Spiegel über dem Waschbecken mein Gesicht an. Ich hörte den Klang meiner Stimme und muss wohl laut zu dem Spiegelbild gesagt haben: »Meine Mutter ist tot.« Ich beobachtete, welchen Eindruck diese Worte auf das Gesicht vor mir machten: verstörter, schwachsinniger Blick, angespannte Züge – tatsächlich spürte ich die Anspannung der Nerven unter der Haut wie ein Kribbeln –, zitterndes Kinn. Die hypnotische Wirkung, die dieses Bild ein paar Sekunden lang auf mich ausübte – sie hat sich meinem Gedächtnis genau eingeprägt –, betäubte den Schmerz. Noch litt ich nicht. Weiterhin in das beängstigende Spiegelbild vertieft, dachte ich nach. Jacques war in der Schule, wo er unterrichtete, ich würde Myriam anrufen, sie hatte ein

Auto, sie könnte mich hinfahren, und wir wären bis mittags an Ort und Stelle. Zwischendurch sagte ich mir: »Sie hat Tabletten genommen.« Das Spiegelbild verschwand, und ich stellte mir meine Mutter vor, wie ich sie in den vorangegangenen Tagen gesehen hatte, auf dem Bettrand sitzend, bleich, mit vom langen Liegen komisch hochstehenden Haaren und dem dünnen, die Schenkel hochgerutschten Nachthemd. Sie steckte die Tabletten in den Mund und stürzte gierig ein Glas Wasser hinunter. Es ist eins der beiden Bilder, die sich mir aufdrängen, wenn ich heute an ihren Tod denke, das andere Bild ist das, was ich tatsächlich sah, das offenstehende Fenster, aus dem sie sich in Wirklichkeit gestürzt hat, der Hocker im Gegenlicht davor.

Ich hatte die Zeilen für Jacques deutlich sichtbar mit der Heftseite daneben auf dem Küchentisch liegen gelassen. Was mir durch den Kopf ging, als ich mich hinlegte, an meinem gewohnten Platz, und, lang ausgestreckt, ins Leere starrte, das weiß ich nicht mehr. Für Interpretationen oder Spekulationen wird kein Raum mehr gewesen sein, nur noch für ein bloßes Warten auf Jacques' Rückkehr. Ich sah ihn die Schlafzimmertür öffnen, aber ich sah ihn ganz von fern. Das Zimmer ist groß, doch von meinem Platz auf dem Bett bis zur Tür war es übertrieben weit, wie in einer expressionistischen Zeichnung, wo der sehr hoch oben angesetzte Fluchtpunkt die Perspektive betont. Immer wieder hörte ich ihn sagen: »Was habe ich getan? Was habe ich nur getan …« Er hielt die Tagebuchseite in der Hand. Er kam auf mich zu. Sein Gesicht war verschwommen wie in einem Traum. In der Tat erlebte ich die Szene von dem gleichen unbestimmten Platz aus, den man im Traum einnimmt, teils allwissend, teils ohne die Möglichkeit zu kommunizieren. Hauptsächlich hörte ich ihn. Er sagte, niemals hätte er das tun dürfen, das wisse er nur zu gut, »aber, sieh mal, hier …«; ich begriff, dass er die Seite zerriss. Zwangsläufig musste er in die Hocke gehen, um mit mir auf gleicher Höhe zu sein und meine Hände oder meine Arme zu fassen; doch ich war zu weit weg, als dass ich die Berührung gespürt hätte. Nicht einmal meine eigene Anwesenheit nahm ich wahr. Es war, als spielte er die Szene allein, vor einer Säurepfütze, die nach und nach die Wirklichkeit zerfraß. Ich fragte: »Kommt Jacques bald? Kommt bald jemand?«

Vielleicht hat er geweint, aber da bin ich mir nicht ganz sicher. Ich muss in einer Zeitverschiebung gefangen gewesen sein. Jacques' Worte, sein gesamtes Verhalten waren genauso, wie ich es mir jedes Mal erhofft hatte, wenn ich es für möglich hielt, dass er mich nach einer neuerlichen Aussprache endlich verstehen würde. Er beantwortete meine Fragen nicht mit Gegenfragen, er wurde nicht wütend. Er äußerte Bedauern, er war liebevoll, er beugte sich über mich wie ein Vater über sein krankes Kind. Wer sehnt sich nicht im Grunde seines Herzens nach den Kinderkrankheiten, als uns tief in den feuchten Laken, gedämpft durch das Fieber und die getroffenen Vorsichtsmaßnahmen, die besorgten Worte der Umgebung erreichten. Doch die so sehr ersehnte Szene blieb irreal. Ich kam nicht aus dem Warten heraus, in dem ich, abgeschnitten von der Welt, schon so lange verharrte. Die Gefangene, die alle Hoffnung auf ihre Freiheit gesetzt und sich daran gewöhnt hatte, sich in eine hypothetische Zukunft zu projizieren, glaubte nicht an die Existenz des Wärters, der ihr nach einem entsetzlichen Urteilsspruch die Tür öffnen würde; unwillkürlich zog sie sich in den hintersten Winkel ihrer Zelle zurück.

In einer anderen Szene, die dieser folgt – aber ich könnte nicht sagen, ob am selben oder am nächsten Tag –, bin ich immer noch in dem Zimmer, diesmal stehe ich neben Jacques. Ich umarme ihn und bin offenbar viel größer als er. Ich spreche leise und sage ihm, dass wir uns um die kleine Blandine kümmern werden, dass sie uns braucht, dass wir uns gut um sie kümmern werden. Ich fühle mich besser. Ich bin aus meiner Isolation herausgekommen und spreche flüssig. Verschwunden ist die Hartnäckigkeit, mit der ich forderte, Jacques solle mir zu Hilfe kommen, weil ich das Gefühl hatte, dass er mich nicht hörte. Stattdessen nehme ich seinen Kopf in die Hände und streichle ihn. Und er sagt mit leiser, leicht belegter Stimme immer wieder: »Hör auf … hör auf …«

Kann jemand, der abstürzt und sich mit fürchterlicher Anstrengung an einen Ast klammert, in dem Moment, wenn er, mit seinen Kräften am Ende, aufgibt und sich ins Leere fallen lässt, noch blitzschnell eine inkonsequente Erleichterung empfinden? Ich hatte losgelassen, und der Gleitflug, so kurz er war, verschaffte mir eine Atempause. Von da an ließ ich mich öfter fallen, doch niemals stürzte ich so tief wie bei diesem ersten Mal. Irgendetwas passierte: Jacques oder jemand anders machte eine Anspielung, die schlaglichtartig einen Winkel seines geheimnisvollen Lebens beleuchtete. Aus Furcht vor der Qual, die die vollständige Entdeckung bedeutet hätte, stellte ich mich blind. Jacques hatte mich zum Beispiel ins Kino mitgenommen. Als ich einer Freundin von dem Film erzählen wollte, unterbrach sie mich: »Ach! Ich war neulich auch mit Jacques im Kino!« Und schon nannte sie mir den Filmtitel, den ich gerade hatte aussprechen wollen. In dem Moment ließ ich mich fallen. Der Sturz war nie sehr tief, ein Gefühl, als würde man mit dem Absatz auf der letzten Stufe ausrutschen und sich auf dem Treppenabsatz wieder fangen. Ich wich dem Stückchen Hölle aus, in dem ich mich hätte fragen müssen, warum Jacques mit mir in einen Film gegangen war, den er einen oder zwei Abende vorher mit einer unserer Freundinnen gesehen hatte. Ich sagte irgendwas, die erstbeste harmlose Floskel, die mir einfiel und die mehr oder weniger, manchmal auch gar nichts mit der Situation zu tun hatte: »Es war voll...« oder auch: »Schon gut...« Das wiederholte ich mechanisch. Daraufhin war das Gespräch, das zu hart für mich geworden wäre, mit einem Schlag zu Ende. Ich wurde eine unbedeutende Statistin ohne Eigenschaften, meine Worte blieben ohne Wirkung, ich war da und doch nicht da.

Erst eine ganze Weile nach dieser Episode las ich in den Memoiren von Simone de Beauvoir die »Geschichte von Louise Perron«, eine Geschichte, die mich über bestimmte absonderliche psychische Mechanismen aufklärte. Ich will meinen Fall nicht mit dem jener Frau vergleichen, den Beauvoir als »Tragödie« bezeichnet! Louise Perron, mit dreißig Jahren noch Jungfrau, verführt und danach verlassen, hatte, um die Realität nicht akzeptieren zu müssen, einen Wahn entwickelt, der so schlimm war, dass er sie in eine Klinik brachte. Doch sie war eine intelligente Frau und konnte, wie Beauvoir berichtet, ihr eigenes Verhalten als »Theater« bezeichnen und vorgeben, »keine Mätzchen mehr machen« zu wollen, aber sobald sie einen mehr oder weniger realistischen Weg zur Lösung des Problems ins Auge fasste, brach sie in schallendes Gelächter aus: »Das ist auch nur Theater!« Sie vertraute Simone de Beauvoir an, sie habe »so etwas wie eine Bewusstseinsspaltung erlebt«, und »es sei schrecklich gewesen, sich pausenlos selbst zu sehen«. Es gibt also psychische Zustände, in denen ein Mensch mindestens zwei Avatare erschafft, wobei beide über ein Bewusstsein verfügen, das es ihnen ermöglicht, über den anderen zu urteilen, aber ohne dass ein drittes, gewissermaßen vermittelndes oder höheres Bewusstsein eingreift, um zu entscheiden, welches von beiden besser oder zumindest weniger schlecht ist als das andere.

Meistens reagierte ich, so dachte ich damals, auf eine reale Gefahr. Einmal zum Beispiel passierte es in Venedig, als wir in einem Restaurant, das wir gern mögen, sehr gemütlich beim Essen saßen und die letzten Gäste waren. Am Ende des Essens hatte ich den Eindruck, dass Jacques, als er davon sprach, wie er mich in einem bestimmten Kleid sah, in Wirklichkeit eine andere Frau beschrieb. Die Tränen traten mir in die Augen, und um nicht vor der Kellnerin, die uns beobachtete, loszuschluchzen, um vor allem die Wut abzuwenden, die ich bei ihm aufsteigen sah, redete ich vier, fünf zusammenhanglose Worte vor mich hin. Im Bruchteil einer Sekunde wechselte das Register. Der aufkommende Ehestreit wurde durch den Beginn einer banalen Unterhaltung ersetzt. Reflexartig hatte ich die Fernbedienung gedrückt, und es war, als hätte plötzlich eine Stimme mit zu großer Lautstärke, die Off-Stimme eines Werbespots zum Beispiel, der weinerlichen Heldin des rührseligen alten Films das Maul gestopft. Schon während ich sprach, wurde mir der Frequenzwechsel bewusst. Ich hörte mich: Der Ton war aufgesetzt, höher als meine normale Stimmlage, er füllte meinen ganzen Kopf aus. Trotzdem wiederholte ich die absurden Worte eine Weile, ließ mich sanft von ihnen tragen, so lange, bis der drohende Anfall vorüber war. Das verhinderte ihn nicht immer, schwächte ihn aber auf jeden Fall ab. Jacques enthielt sich jeden Kommentars. Auch er wartete, dass es vorbeiging.

Als ich zu verstehen versuchte, warum Jacques sich zweimal hintereinander denselben Film angesehen hatte, dachte ich allerdings nicht, dass er eine besondere Beziehung zu dieser Freundin hätte. Nicht, dass eine solche Beziehung nicht plausibel gewesen wäre, die Freundin war weder hässlich noch zickig. Aber ich kannte sie zu gut, sie stand mir zu nahe, und deshalb fehlte ihr die erforderliche Aura, mit der sie Eingang in die verborgene Welt hätte finden können, in der sich Jacques bewegte. Doch genauso wenig konnte ich mir vorstellen, dass Jacques ganz einfach an einem Tag, als ich nicht da war, mit dieser Freundin ins Kino gegangen war, dass ihm der Film gefallen hatte und er ihn mir zeigen wollte, mir aber aus Furcht vor meinem Argwohn verschwieg, dass er ihn schon kannte. Er hatte nicht vorhergesehen, dass seine Heimlichtuerei mich auf die Spur eines noch größeren Geheimnisses bringen würde, als es eine Beziehung zu dieser Freundin gewesen wäre, ein Geheimnis, das noch undurchschaubarer war – noch faszinierender!

*

Wir waren oft zu Gast im Pradié. Es ist ein Haus wie auf einer Kinderzeichnung: eine Haustür mit Freitreppe in der Mitte der Fassade, zwei vollkommen symmetrische Fenster zu beiden Seiten, eine Reihe Fenster obendrüber und ein steil abfallendes Dach. Das Leben, das wir dort führten, war ganz nach meinem Geschmack. Jeder ging seiner Beschäftigung nach: Bernard malte in dem durch einen großen muldenförmigen Rasen vom Haus getrennten Atelier; seine Frau, Martine, die von Berufs wegen die meiste Zeit in Paris festgehalten wurde, ging im Haus ein und aus und richtete es her; Jacques las, im Sommer im Garten, im Winter am großen Kamin in der Küche; ich selbst arbeitete in dem sogenannten »violetten Zimmer«, das uns normalerweise zugeteilt wurde, an einem Tisch, den Martine mit einem indischen Tuch bedeckt hatte. Wenn ich nicht daran dachte, mehrere Lagen Papier unter mein Blatt zu legen, blieb die Spitze meines Füllers darin hängen.

Das Zimmer liegt über der Küche. Wenn sich am Ende des Tages erst Bernard, dann Martine zu Jacques gesellten, drang ihre Unterhaltung mit den heftigen Modulationen von Bernard, dem tiefen und gleichmäßigeren Tonfall von Jacques, der rauhen Stimme von Martine und dem Gelächter von allen dreien deutlich durch die Fußbodendielen zu mir herauf. Manchmal beschlossen sie, die Nachrichten zu hören, dann verschmolzen ihre Stimmen mit dem dumpfen Fernsehton. Später hörte man das Klappern des Küchengeschirrs. Es war eine Welt, so wunderbar, wie sie sich in dem Märchen *Riquet mit dem Schopfe* der Prinzessin zeigt, als sich zu ihren Füßen die Erde auftut und den Blick auf das geschäftige Treiben in der Küche freigibt, die Riquet für ihre Hochzeit eingerichtet hat. Wenn das Essen fertig war, riefen sie mich. Es war ausgemacht, dass ich mich am Kochen nicht beteiligte. Ich hatte den Status einer Schülerin, die man nicht beim Lernen stört. Die Geräusche rissen mich übrigens nicht aus meiner Konzentration. Im Gegenteil, sie ließen mich erst recht spüren, wie angenehm es war, sich auf die Arbeit zurückziehen zu müssen. Einmal war ich krank und musste mehrere Tage lang das Bett hüten. Meine Ohren versäumten nichts von dem fröhlichen Leben und Treiben unter mir, und auch da bereitete mir mein Ausgeschlossensein ein wohliges Behagen. Damals war ich zwischen den dunklen Wänden des violetten Zimmers so überglücklich gewesen, so erfüllt von meiner Arbeit, dem Alleinsein und dem zeitweiligen Lärm derjenigen, die ich liebte, dass ich den Raum noch zu sehr mit meinen Gedanken und Gefühlen besetzt hielt, als dass ich auf die Idee hätte kommen können, Jacques und Blandine dort einzuquartieren und zusammen schlafen zu lassen.

Neben dem violetten Zimmer gibt es ein anderes, größer, heller, das »blaue Zimmer«. Ich weiß nicht warum, aber wir haben es fast nie benutzt. Nachdem ich die Episode mit der herausgerissenen Tagebuchseite verdaut hatte, dienten mir die wenigen kurzen Sätze, in denen Jacques seine Nächte mit Blandine resümierte, als Hintergrund für eine Vision, die zu einer meiner häufigsten Masturbationsphantasien wurde. Als Kulisse diente also das blaue Zimmer. Ich sah sie in dem Bett liegen, dessen Kopfende in einer Nische steht. Während ich Blandine das violette Zimmer verweigerte, überließ ich ihr immerhin meinen Platz im Bett des blauen Zimmers! Alles Leben in Gemeinschaft, angefangen mit der, die nur zwei Menschen zählt, hat die ärgerliche Tendenz, jedem Mitglied seinen Stammplatz zuzuweisen: Jeder sitzt beim Essen immer auf demselben Stuhl, liegt zu Hause wie im Hotel immer auf dem gleichen Platz im Bett. In der Realität schlüpfe ich nie in ein unbekanntes Bett, ohne mich innerlich gegen diese unreflektiert angenommenen und selten in Frage gestellten Gewohnheiten zu sträuben. Innerhalb der Wände, die wir bereits als Begrenzung akzeptieren, zwingen sie uns, darüber hinaus auch noch unsere Fußstapfen in unsere Fußstapfen zu setzen, unseren Hintern in den Abdruck unseres Hinterns und unseren Körper immer genau ins gleiche Verhältnis zum Körper der anderen zu bringen. Wir glauben, wir bewegten uns im Raum, dabei tun wir die meiste Zeit nichts anderes, als uns in unsichtbare Gänge hineinzuschieben, die unser Körper wie eine blinde Termite dort gegraben hat. Obwohl ich mich über all diese kleinen Vorgaben ärgere, ist ihr Einfluss so stark, dass ich bis in meine Phantasmen hinein nicht umhin konnte, Jacques auf seinen Platz im Bett zu legen und Blandine auf meinen. Blandine noch dazu in der gleichen Haltung, wie ich sie oft einnehme: auf die linke Seite gedreht, mit leicht angezogenen Beinen. Jacques schmiegte sich an ihren Rücken und an ihren Hintern, wie er es auch bei mir gern tut, eine Position, die ich mag und von ihm fordere.

Anders als man bei einer solchen Szene erwarten könnte, war das Zimmer durch ein sehr gelbes Deckenlicht grell erleuchtet, was genau seiner tatsächlichen Beleuchtung entsprach, die ich immer als unangenehm empfunden habe. Offenbar wollte ich nur meinen inneren Blick befriedigen. Zwar nahm Blandine meinen Platz ein, ich aber nicht ihren, ich blieb die Beobachterin. Mein Szenario griff ihre Zurückhaltung auf. Sie ließ sich sehr lange streicheln, sie erlaubte Jacques, ihre Hinterbacken leicht auseinanderzuziehen und seine Eichel auf kürzestem Weg an ihre Spalte zu bringen, aber in sie einzudringen, das erlaubte sie ihm nicht. Dabei wehrte sie sich gar nicht sehr, manchmal konnte sie durchaus sanft auf seine Liebkosungen antworten. In einer Version stand sie sogar nackt mitten im Zimmer und machte provozierende Verrenkungen, bevor sie zu ihm unters Laken kroch. Jacques holte sich einen runter; ich verfolgte den Anstieg seiner Erregung aus nächster Nähe. Mit einer Reihe von Stößen, die Hand um seinen Schwanz gepresst, den Körper völlig zusammengekrümmt, kam er allein zum Erguss. Manchmal stellte ich mir vor, wie Blandine das weiße Zimmer von Bernard durchquerte und sich dort dem gleichen Spiel hingab. Ich weiß nicht mehr, ob Jacques zu ihnen ging oder ob er zu seiner noch größeren Frustration abseits blieb. Unter den Masturbationsphantasien, derer ich mich bediente, bevor sie mir, wie ich wohl behaupten kann, entfremdet wurden, die ich aber mittlerweile zurückgewinnen konnte, gibt es eine, in der ich nackt an einen Holzpfosten gebunden bin, mitten in einer hauptsächlich aus ebenfalls nackten Männern bestehenden Gruppe mit einigen Frauen darunter, die zwar präsent sind, aber (kraft der Fähigkeit unseres Geistes, Wesen existieren zu lassen, die selbst in einem konkreten Rahmen nur Ideen bleiben und sich darin bewegen wie ein Luftzug) keine Gestalt haben. Diese Leute paaren sich vor meinen Augen und streifen mich im Vorübergehen, aber ich muss lange warten, laut fordern, dass man sich mit mir beschäftigt, die Beine spreizen, mein Becken drehen und wenden, meine Scham so weit vorstrecken, wie es mir die Fesseln erlauben, und fast wahnsinnig werden vor Erregung, bevor schließlich jemand bereit ist, mich loszubinden und zu penetrieren. In dem Moment lasse ich den Zuckungen der Lust freien Lauf.

Im Türrahmen

Lange Zeit vorher hatte ich eine Analyse gemacht. Ich dachte immer, es habe mir gutgetan, und meine Umgebung, die mich weniger verschlossen und aggressiv fand, bestätigte mir dies auch, ja, eine Freundin scherzte sogar, die Psychoanalytiker müssten mich dafür bezahlen (mir die Kosten erstatten!), dass ich eine so gute Werbung für sie machte, und doch sind viele Einzelheiten, die diese Analyse betreffen, in meinem Kopf ziemlich verschwommen. Nur mit Mühe finde ich die genauen Gründe wieder, weshalb ich sie begann und was mich nach vier Jahren dazu bewog, sie zu beenden, und noch weniger kann ich mich erinnern, was in den Sitzungen gesagt wurde, abgesehen von ein paar Geschichten, die später gute Anekdoten unter Ex-Analysanden abgaben, vergleichbar mit denen, die sich ehemalige Schüler erzählen, um über die einst erduldete Autorität herzuziehen.

Damals lebten meine Eltern noch, und vielleicht hielt mich meine Beziehung zu ihnen und besonders zu meiner

Mutter, die periodisch an schweren Depressionen litt, noch in den Problemen meiner Kindheit und Jugend gefangen, obwohl ich heute eher zu der Ansicht neige, dass ich vielleicht zu meiner eigenen Rechtfertigung diese Probleme vor mir selbst und vor anderen übertreiben musste, weil ich mich so heftig aus dem Familienkreis losgerissen hatte (ich war abgehauen, dann zurückgekommen, dann endgültig weggegangen). Gewiss, ich hatte in einer Atmosphäre ständiger Streitereien mit Geschrei und Ohrfeigen gelebt, Streitereien zwischen meinem Vater und meiner Mutter, meiner Mutter und ihrer Mutter, meinem Bruder und mir; schon früh hatte ich den Verdacht, dass die häufige Abwesenheit meines Vaters sowie die regelmäßige Anwesenheit eines Freundes meiner Mutter bei uns zu Hause nicht dem Bild einer gewöhnlichen Familie entsprachen; doch in diese unangenehmen Erinnerungen mischten sich auch gute (an meine Mutter, die ich hübsch fand und die mir beibrachte, mich schick zu machen, an die Komplizenschaft mit meinem Vater, dessen Leben mir umso interessanter erschien, als die übrige Familie davon ferngehalten wurde, an die Ferien in Quiberon in einem Haus am Ende eines langgestreckten Gartens, der an ein großes Sportgelände grenzte, dessen Mauer wir mühelos überspringen konnten, ein Haus so winzig, dass es an die kleinen Häuschen aus Stoff oder Pappe erinnerte, die Kinder sich als Höhle bauen). Vor allem konnte ich mit diesen Ereignissen angeben: Es war etwas Besonderes, womit ich mich in den Pausen brüstete, ein »Wissen« über das Leben, auf das ich mir etwas zugute hielt. Bis ich einige Jahre später wie viele sehr junge Leute, vor allem wenn sie über rudimentäre Kenntnisse der Psychoanalyse verfügen, das Bedürfnis verspürte, zur Festigung meiner Identität Romane zu erfinden und so die erste Phase meines Lebens zu dramatisieren. Ich führte endlose Unterhaltungen mit einem gleichaltrigen Freund, dem Sohn einer sehr jungen flatterhaften Mutter und eines Vaters, den er nie kennengelernt hatte. Wir gaben uns gegenseitig den Spitznamen »David Copperfield«. Nur zum Spaß, aber ein bisschen glaubten wir auch daran.

Die Analyse machte ich während der letzten Jahre meines Zusammenlebens mit Claude, Jahre, in denen wir uns, gefangen im Gefühlschaos, das aus sexueller Ungeduld entsteht, immer häufiger stritten, so dass ich schließlich den niederschmetternden Eindruck gewann, mit ihm zu wiederholen, was meine Eltern mir vorgelebt hatten. Meine Verbindung zu Jacques festigte sich, wodurch deutlich wurde, wie verfahren mein Leben mit Claude geworden war. Zusätzliche Komplikationen ergaben sich auch noch durch unsere Divergenzen bei der Führung von *art press*. Seit wir aus den schäbigen Straßen von Bois-Colombes fortgezogen waren, hatte ich mich bei allem, was er unternahm, unverbrüchlich solidarisch mit ihm gefühlt; doch in dem Moment, als finanzielle Schwierigkeiten auftraten und wir über die Zukunft der von uns gemeinsam gegründeten Zeitschrift entscheiden mussten, widersetzte ich mich ihm. Claude war autoritär und ich war nicht weniger kompromisslos, auch wenn ich es nicht so offen zeigte, und diese Situation erlebte ich als inneren Konflikt.

Wenn man mich fragte, gab ich vor, der Unfalltod meines einzigen, drei Jahre jüngeren Bruders sei der Grund dafür, dass ich mich in Analyse begab. Das war eine präzise und plausible Antwort, die es mir ersparte, mich näher darüber auszulassen. Allerdings muss dieses Ereignis tatsächlich entscheidend gewesen sein, nicht weil ich Hilfe bei der Bewältigung meines Schmerzes brauchte, sondern, im Gegenteil, weil es eine vitale Reaktion bei mir auslöste. Ich habe unter diesem Verlust sehr gelitten und werde bis ans Ende meiner Tage zutiefst bedauern, dass ich unter der Hülle des Erwachsenseins nicht weiterhin die Kindheit mit diesem Bruder teilen kann. Aber nach den ersten Wochen, in denen sich das unausweichliche Schuldgefühl des Lebenden gegenüber dem verfrühten und ungerechten Tod des andern zeigte und ich gewissenhaft meinen Kummer geprüft hatte, anhand so sinniger Fragen wie, ob ich, statt ihn zu verlieren, lieber einen Arm oder das Augenlicht verloren hätte, überkam mich ein Verantwortungsgefühl, ein gewaltiger Tatendrang und ich fühlte mich wie gedopt. Ich war nur die Tochter, aber ich erbte den Namen, die einzige Verankerung im Familiensumpf. Ich hatte jede Menge Projekte für *art press*. Dass die neurotischen Krisen dabei ein Hindernis darstellten, war mir durchaus bewusst. Ich rief Jacques an und bat ihn, sich zu erkundigen und mir einen Psychoanalytiker zu empfehlen.

Dreimal die Woche stieg ich an der Metro-Station Saint-Michel aus, ging den Boulevard halb hinauf, bog dann in die Rue Soufflot ein, an deren oberem Ende die Praxis von Doktor C. M. lag, mit meinen Problemchen im Gepäck, an die ich mich heute, wie gesagt, kaum noch erinnern kann. Ging es um das Entwirren der familiären Verstrickungen? Um das Verhalten meiner Mutter, das ich als quälend empfand? Oder um mein Hinundhergerissensein zwischen Claude und Jacques? Jedenfalls müssen die Sitzungen mir den Kopf freigemacht haben, denn wenn ich den Boulevard mit seinen vielen billigen Klamottenläden wieder hinunterging, verdrehte ich mir immer den Hals, um nur ja nichts vom Anblick der Schaufenster zu versäumen, und noch heute erinnere ich mich an Käufe, die mich, so bescheiden sie waren, trotzdem überglücklich machten! Eins der wenigen auf der Couch angesprochenen Themen, das spontan wieder auftauchte, hat mit meiner Lektüre des Romans *Orlando* von Virginia Woolf zu tun. Außerdem verbindet sich damit die Erinnerung, dass der Analytiker mich aufforderte, ihm das Buch mitzubringen, und als ich ihn nach einer Weile bat, es mir zurückzugeben, ließ er mich mehrere Tage lang warten, bis er mir schließlich sagte, er habe es verloren, was die Verwirrung, die ich beim Lesen empfunden hatte, noch verstärkte. Infolgedessen habe ich es nie wiedergelesen, weil ich es mir nie neu gekauft habe. Hat mich die Person des Orlando, der im Lauf der Erzählung sein Geschlecht wechselt, damals so tief berührt, weil ich gerade mein männliches Double verloren hatte?

Doch rührte nicht mein Unbehagen mehr noch als von den großen oder kleinen Missgeschicken, die ich als Kind erlebt, mehr noch als von den Schwierigkeiten des Zusammenlebens von dem tief in mir sitzenden Ehrgeiz her, der mich in meiner Kindheit als kräftiger Stengel getragen, um den sich der Efeu meiner Träume gerankt, den ich aber unter deren vermeintlicher Verwirklichung erstickt hatte? Ich hätte es nie zu sagen gewagt, aber, naiv und konformistisch, war ich mit zwölf Jahren überzeugt gewesen, dass ich schreiben wollte, Gedichte oder Romane. Mit achtzehn wollte ich einfach nur schreiben. Mit zweiundzwanzig veröffentlichte ich schon seit zwei Jahren Artikel in Kunstzeitschriften. Sehr rasch hatte ich in einem Bereich, der meinen

Erwartungen entsprach, einen achtbaren Platz eingenommen. Mit vierundzwanzig gründete ich meine eigene Zeitschrift. Und trotzdem, je mehr ich mich beruflich tummelte, desto mehr versank der Ehrgeiz im Treibsand des Unbewussten, und blieb dort vergessen, unbefriedigt, ohne dass ich die Ursachen für dieses Unbefriedigtsein zu erkennen vermochte. Ich hatte alles in einer so völligen Übereinstimmung mit der verschwommenen Logik meiner Träumereien erreicht, dass ich über ihre bequemen Versprechungen nie wirklich hinausgelangt war und nicht begriffen hatte, dass es nicht genügte, Wünsche zu haben, sondern dass man manchmal ihre Verwirklichung selbst in die Hand nehmen und dem Schicksal etwas nachhelfen muss. Seit meine Eltern und die Schule mir nicht mehr meine Aufgaben und mein Verhalten vorgaben, ließ ich mich von Begegnungen tragen, von Gelegenheiten, die ich zwar ergriff, aber niemals aktiv herbeiführte. Sicher hatte Claude bei der Gründung der Zeitschrift mehr Willenskraft bewiesen als ich. Doch nachdem ich einmal die Verantwortung übernommen hatte, gab ich nie auf, wie groß die Schwierigkeiten auch waren.

Kurz, ich war willens und begierig, etwas zu tun, aber ich hatte kein Ziel oder keins mehr. Der Wunsch zu schreiben, davon bin ich zutiefst überzeugt, tritt auf als Bedürfnis an sich, und das Verb »schreiben« wird zunächst wie das Verb »atmen« intransitiv verstanden. Die ganze Zeit über bezog ich dieses Wort auf Artikel und auf Essays über Kunst, ich konnte mir einbilden, ich käme diesem Bedürfnis nach, dabei ahnte ich nicht, dass ich auf die gute Fee wartete oder auf die zufällige Begegnung mit dem Meister oder dem Alten, der mich wie im Mythos (vgl. Kris und

Kurz!) dazu bringen würde, anders und über etwas anderes zu schreiben, und diese Erwartung schuf eine Leere in mir, die bisweilen konfuse Ängste hervorrief.

*

Ich spielte mit dem Gedanken, die Analyse wieder aufzunehmen; ich sprach mit Jacques darüber, und wir diskutierten an demselben Tisch, an dem ich ihm gesagt hatte, mir seien zufällig die Fotografien des schwangeren jungen Mädchens in die Hände gefallen, aber diesmal hatte ich die Ellbogen aufgestützt und sah ihn an. Über ein Jahr war vergangen, die Krisen erschöpften uns beide gleichermaßen und hielten uns gefangen. Jacques hat sich vermutlich niemandem anvertraut – allenfalls Bernard, aber den sah er nur selten –, und ich bedauerte höchstens während der Krisen, dass kein Dritter dabei war, ein Vermittler, den ich hätte bitten können zu übersetzen, was ich nicht erklären konnte. Manchmal wiederholte ich mechanisch, wenn meine Erregtheit nachließ, es müsse »jemand kommen«, aber dieser Jemand war wahrscheinlich niemand anders als der allwissende und barmherzige Jacques, auf den ich so verzweifelt wartete. Ich wüsste nicht, an wen ich mich sonst hätte wenden sollen. Möglicherweise fing meine Umgebung ein paar Anzeichen meiner Gestörtheit auf, ein Freund stellte eine außergewöhnliche Traurigkeit bei mir fest, ein Nachbar hörte mein Weinen, Bekannte, mit denen wir spazierenfuhren, wunderten sich über seltsame Äußerungen von mir. Manchmal glaubte ich ihre stumme Reaktion zu erraten, was zur Folge hatte, dass ich versuchte, mich zusammenzureißen, weniger aus Furcht, mich zu offenbaren, als davor, mich erklären zu müssen. Durch ein oder zwei Erlebnisse habe ich sehr früh im Leben begriffen, dass ich nichts so sehr verabscheute wie vertrauliche Geständnisse, egal, ob sie mir gegenüber gemacht oder von mir erwartet wurden. In meinen Augen zeugen diese von wahrer Schamlosigkeit, weit mehr als die Veröffentlichung des eigenen Intimlebens in Schrift oder Bild. Vertraulichkeiten nötigen die Gesprächspartner zur Gegenseitigkeit – wer spricht, erhofft sich Aufmerksamkeit, Ratschläge, Mitgefühl von dem, der zuhört, der wiederum seine Verantwortung nicht ignorieren kann –, während der- oder diejenige, die sich exponiert, immer eine Distanz zum Publikum hat, und auch wenn diese Distanz nur so hoch ist wie die Bühne, auf der sich eine Stripperin auszieht, die von dem anonymen Publikum keine andere Reaktion erwartet als den konventionellen Beifall.

Ich fasste die Psychoanalyse mit einer gewissen Gleichgültigkeit ins Auge, als hätte ich keine Ahnung davon und reagierte nur resigniert auf ein Ansinnen des gesunden Menschenverstands; auch meine Entscheidung traf ich, indem ich eifrig davon redete, weil das Reden die Entscheidung festigt und man sich dadurch verpflichtet fühlt. Blieb nur die Kostenfrage. Bei *art press* verdiente ich so gut wie nichts. Wir machten aus, dass Jacques mir das Geld vorstrecken und ich es ihm von einigen zusätzlichen Einkünften, die ich für Katalogvorworte oder Vorträge bekäme, und von eventuellen Ersparnissen nach und nach zurückzahlen würde. Als ich am nächsten Morgen ins Büro kam, bat ich das junge Mädchen an der Rezeption gleich, mir Name, Adresse und Telefonnummer von Doktor M. herauszusuchen. Sie tat es sofort; sie war klug und munter, ich mochte sie sehr. Ich wunderte mich über meine eigene gute

Laune und über die Leichtigkeit, mit der ein Prozess in Gang kam, um dessen lange Dauer und Mühseligkeit ich doch wusste. Ich rief an. Das Gute an den Psychoanalytikern ist, dass man sie gleich am Telefon hat: keine Sekretärin, deren autoritärer Ton einschüchtert und die einen Termin in zwei Monaten anbietet; sie sprechen dicht am Hörer, ihre gedämpfte Stimme nimmt einen gefangen, man hat sie sofort unmittelbar vor sich. Trotzdem ließ ich mir Zeit und studierte meinen Satz ein, bevor ich den Hörer abnahm: »Ich bin Catherine Millet, ich habe vor Jahren bei Ihnen eine Analyse gemacht und würde gern wieder zu Ihnen kommen.«

Seit ich aufgehört hatte, in die Rue Soufflot zu gehen, hatte ich den Tod meines Vaters und wenige Monate später das gewaltsame Ende meiner Mutter zu verkraften gehabt. Lange Zeit war mein Leben durch die ständige Aufmerksamkeit bestimmt gewesen, die der psychische Zustand meiner Mutter erforderte, durch ihre täglichen Anrufe sehr früh morgens, die mich oft aus dem Schlaf holten, durch die Besuche bei ihr zu Hause oder in der Klinik, bei denen ich vergeblich versuchte, den Körper einer Ertrunkenen aus dem Wasser zu ziehen, der schwerer war als mein eigener, sowie durch Termine mit den behandelnden Ärzten, deren Ansichten ebenso widersprüchlich waren wie das Verhalten meiner Mutter. Sie zog mich an sich, um mich zu küssen, und schrie im selben Moment auf, weil ich im Vorbeugen den Tropf, mit dem sie ernährt wurde, gestreift und ihr wehgetan hatte. Zur gleichen Zeit fanden sehr entscheidende Entwicklungen im Hinblick auf die Zukunft der Zeitschrift statt, was mir auf andere Art ebenso große Sorgen machte. Trotzdem wäre ich nie auf den Gedanken gekommen, mich wieder in Analyse zu begeben, nicht einmal dann, als mir nichts anderes mehr einfiel als: »Ich bin am Tod meiner Mutter zerbrochen.« So fasste ich es für Doktor M. zusammen und sagte zum Schluss, es sei ja wohl der Gipfel, dass ausgerechnet ich, das Paradebeispiel für eine freie Sexualität, wegen einer Geschichte wieder zu ihm käme, die einem Boulevardstück gleiche. Als einzige Antwort hob er zwei Finger von der Armlehne seines Sessels. Meine letzte Sitzung bei ihm lag fast zwanzig Jahre zurück. Zu Beginn des Gesprächs sagte er, ich hätte mich »nicht verändert«. In dem Moment fasste ich das noch als höfliche Bemerkung auf, die eine ähnliche Wirkung auf mich ausübte wie damals die Sache mit der kosmetischen Chirurgie oder auch die Unterhaltung mit dem Taxifahrer: Es war eine Art Normalitätsversicherung. Wenn ich mich recht erinnere, saß ich aufrecht auf meinem Platz, und es hätte ein beliebiger gesellschaftlicher Anlass sein können. Doch kaum war ich aus der Tür, sagte ich mir, er habe sicher andeuten wollen, dass ich in der ganzen Zeit keine größeren Fortschritte bei der Lösung meiner inneren Konflikte gemacht hätte. So ging es los.

Denke ich an diese zweite Serie von Sitzungen zurück, die mir, so kurz sie auch waren, vertraute Oasen der Ruhe boten, während ich, wenn auch mit großen Schritten, durch ein Viertel ging, in dem ich gewohnt hatte und das mir in guter Erinnerung geblieben war, weil ich dort nach der Trennung von Claude meine Freiheit genoss, oder auch während der langen Pausen im Wartezimmer, die Zäsuren in einem anstrengenden Leben darstellten – denke ich daran zurück, sehe ich mich sofort in das schöne Licht versetzt, in dem das neue Sprechzimmer von Doktor M. erstrahlte. Ich war ganz und gar davon erfüllt und jedes Mal aufs neue entzückt. Die Praxis lag jetzt in einer Straße im Marais in einem ehemals hochherrschaftlichen Haus, wo das Sprechzimmer mit dem Warteraum davor im Hochparterre eines schmalen Seitenflügels untergebracht war. Drei Wände hatten Fenster, die bei der sehr niedrigen Decke für ein gleichmäßiges, gedämpftes Licht sorgten. Zum Glück war die Couch zur freundlichsten Seite hin ausgerichtet, zu dem großen Hof, der von hellen Mauern eingefasst war, denn sicher hatte man das Haus restauriert. Ich fand die Atmosphäre der kleinen Wohnung wieder, die ich vor Jahren ein paar Häuser weiter in derselben Straße bewohnt hatte, meine erste eigene Wohnung, in die ebenfalls von drei Seiten Licht einfiel. Oft verließ ich die Praxis durchaus zufrieden, obwohl ich manchmal auch aufgewühlt war, und neugierig, fast ein bisschen herablassend, wie eine fleißige Schülerin, beobachtete ich diejenigen, die mit ernstem Gesicht, eingezogenem Kinn und Tränen in den Augen fortgingen; ich war der Meinung, etwas gesagt zu haben, was bis zur nächsten Sitzung weiteres Nachdenken verdiente, doch fast ebenso oft musste ich mir eingestehen, dass die Gedanken, die mich verwirrten, und die Worte, die sie auslösten, außerhalb der gemütlichen Umgebung, die sie entstehen ließ, nicht überdauerten, sondern sich im fröhlichen Treiben in der Rue des Archives, die ich zur Metro hinunterging, wieder verflüchtigten.

Ein paar dieser Gedankengänge sind trotzdem bei mir hängengeblieben. Als ich eines Tages sagte, ich beneidete Jacques darum, wie leicht er eintauchen könne, gemeint war, eintauchen in die Lust – dachte ich dabei an die Phantasmen, die stets auf das deutliche Bild von ihm im Augenblick des Genusses hinausliefen? –, forderte M. mich auf, diesen Gedanken festzuhalten. Unschwer erkannte ich, dass ich selbst nicht einmal im wörtlichen Sinn eintauchen konnte, denn entsetzt über den Abgrund, der sich unter mir auftat, wenn ich mich im Wasser auszustrecken versuchte, war ich nie imstande gewesen, richtig schwimmen zu lernen. Das Eintauchen in die Lust ging nun nicht mehr auf die gleiche Weise vonstatten wie vorher. Ich zog nicht mehr nächstens los, um unter Aufgabe meines freien Willens in angenehm willfähriger Passivität in der Anonymität des großen Menschheitskörpers aufzugehen. Die Beziehung zu dem launischen Liebhaber, der mit mir wie das Kind mit der Garnrolle das Fort-Da-Spiel gespielt hatte, war völlig auseinandergegangen. Die Krisen hinderten Jacques und mich nicht am Vögeln, wir hatten sogar häufiger Sex als vorher; doch zum ersten Mal in meinem Leben machte ich mit ihm die Erfahrung sexueller Zweisamkeit.

Aber waren wir wirklich nur zu zweit? Kam nicht ein drittes Augenpaar hinzu, das der Beobachterin, die sich von Kindheit an meiner bemächtigt und fortwährend mein Bewusstsein verdoppelt hat, stellvertretend für das allgegenwärtige Auge Gottes, aber auch als Regisseurin meines Lebens? Es passierte folgendes: Die Beobachterin, die in diesem Fall an die Stelle der Träumerin trat, öffnete mir die Türen zu Jacques' Welt, in der ich meinen Platz einnahm wie seine anderen Geliebten den ihren. Sie ließ mich eintreten als eine neue Mitbewohnerin, die, weil ohne Vergangenheit und ohne Geschichte, imstande war, sich darauf einzulassen. Eine neue Umgebung, ein Hotelzimmer, in dem wir uns zum ersten Mal aufhielten, ein einfaches Rendezvous an einem ungewohnten Ort, förderte natürlich den Verfremdungseffekt. Aber dank der besonderen Macht der Beobachterin konnte ich die Verfremdung auch zwischen unseren gewohnten vier Wänden erleben. Wir hatten schon immer einen großen Spiegel mit Goldrahmen im Schlafzimmer direkt auf dem Boden stehen gehabt. Aber noch nie hatte es mich so sehr danach verlangt, mich im Profil davorzustellen, naiv entzückt über die Leichtigkeit, mit der Jacques' Geschlechtsteil mechanisch hinter dem Hügel des gespiegelten Hintern verschwand und wieder sichtbar wurde, und die Lust kam genau dann, wenn die Empfindung bei der Berührung mit dem Glied, das sein Ziel erreichte, und der Blick, der das Andocken des Gliedes erfasste, im selben Moment zusammentrafen. Bei anderen Gelegenheiten nahm die Beobachterin eine konformistischere soziale Perspektive ein, sie machte sich den Blick des Empfangschefs im Hotel zu eigen, der mit komplizenhaftem Wohlwollen ein Liebespaar begrüßt, oder den des übertrieben liebenswürdigen Schlafwagenschaffners, der die Betten fertig macht.

Dann wiederum verschwand sie zugunsten der Leica oder der Sony. Unsere sexuellen Beziehungen führten zu willkommenen Phasen der Entspannung, während wir doch die übrige Zeit immer auf der Lauer und angespannt waren, und deshalb neigten wir dazu, die Fototermine, die dem Sex manchmal vorausgehen, besonders spielerisch zu gestalten. Mir lieferten sie zudem Stoff für den Film in meinem Kopf und kurbelten ihn wieder an. Jacques fotografierte mich immer nackt oder fast nackt, mit Vorliebe in Diskrepanz zur Kulisse: auf Autofriedhöfen, in Kirchen, an historischen Stätten, abseits der Führungen ... Er bemühte sich, die unpassendsten Umgebungen auszusuchen, und wenn ich mich bei den Vorbereitungen auch manchmal fürchtete, zu frieren oder mein Kleid an einer verbogenen Stoßstange zu zerreißen oder von einem Spaziergänger oder Wachmann überrascht zu werden, vergaß ich diese Befürchtungen, sobald das Objektiv des Fotoapparats auf mich gerichtet war. Von dem monströsen Monokel vor Jacques' Auge ging eine Ausstrahlung aus, die mich, wenn ich nichts mehr auf dem Leib trug, bekleidete, und im Feld des Suchers bewegte ich mich mit vollkommenem Wohlbehagen; ich fühlte mich geborgen. Wenn die Anweisung lautete, ich solle auf ihn zukommen, ließ ich mich von diesem Strahl einfangen, und während Jacques das Objektiv auf mich richtete, sah ich nichts weiter als das schwarze Rohr, von dem ich angezogen wurde wie ein Geist von der Laterna magica.

Bei meinen Streunereien hatte ich einmal mit einem Unbekannten zu tun gehabt, der mir die ganze Zeit über, während er in mir herumfuhrwerkte, verbot, die Augen zu schließen. »Sieh mich an«, sagte er in strengem, fast autoritärem Ton, »sieh mir in die Augen.« Ich kam der Aufforderung nach, so gut ich konnte, und brachte es tatsächlich fertig, und wenn ich die Sache nicht vergessen habe, dann deshalb, weil ich dabei eine außergewöhnlich starke Lust empfand. Unser Blickwechsel schuf eine Art Überbewusstsein unserer körperlichen Vereinigung und paradoxerweise eine Distanz, die zum Schmelztiegel der Lust wurde. Ich sah ihn, während er mich ansah, und weil in dem Moment, wenn die Erregung im Unterleib am intensivsten ist, die Gesichtszüge häufig erstarren, sah ich seinen Blick und seinen Gesichtsausdruck versteinern, und durch ihn sah ich mich in dem Zustand, der als der würdeloseste gilt – was selbstverständlich nicht bedeutet, dass ich mich oder das, was wir gerade taten, bewertete, sondern dass ich mich wie alle, die im Gegenteil die Moral in sexuellen Beziehungen ausklammern, unbewusst doch darauf berufen musste, um die Überschreitung zu genießen: Ich sah mich als Bittstellerin, die hartnäckig darum bettelte, auf der Stelle befriedigt zu werden. Trotzdem habe ich all die verschlungenen Wege der Lust erst richtig verstanden, als die Wende in meiner Beziehung zu Jacques sie mir vor Augen führte, und viel haben zu dieser Bewusstwerdung die Fotoapparate und Digitalkameras beigetragen. Wenn unsere exhibitionistisch-voyeuristische Veranstaltung in den Koitus überging, hatte Jacques es sich angewöhnt, abwechselnd unsere Körper, unsere Geschlechtsteile und das Display des Apparats in seiner Hand zu betrachten – wobei der Apparat zwangsläufig nur Großaufnahmen zeigt –, und auch wenn ich keinen Zugang zum Bild habe, ist diese Mediatisierung ein phantastisches Aphrodisiakum. Ein so starkes, dass wir auch ohne Geräte die gleichen Bedingungen herstellen. Wir streicheln uns und plötzlich entferne ich mich zwei oder drei Meter. Wie ein Bild, das sich beim Aufschlagen eines Buches als Relief entfaltet, ziehe ich in Rückansicht, vornübergebeugt, meine Hinterbacken auseinander, um das Loch des Anus darzubieten und den Busch meiner Vulva freizulegen, und frage ihn, ob er alles gut sehen kann; stillschweigend regulieren wir den Abstand, und ein paar Augenblicke lang ist dieser so unüberwindlich, wie es der Abstand zu einer Bühne oder einem Bildschirm wäre. Nach vorn gebeugt versuche ich nichts weiter, als mit aller Kraft in das Bild einzugehen, das ich ihm präsentiere. Um auf das Eintauchen zurückzukommen – das, worin ich versinke, sind die

Bilder. Aber geht das nur mir so? Kann es für den Menschen überhaupt Lust geben außerhalb der *Obszönität?* Kommt es nicht selbst beim engsten Körperkontakt zu einem Umweg über eine phantasmatische Projektion jenseits dieses Kontakts – über ein Schauspiel, wenn auch nur ein mentales?

Der Anregung von Doktor M. vermochte ich deshalb nicht zu folgen. Ich beneidete Jacques, weil er sein sexuelles Paradies ohne Hintergedanken genießen konnte. Ich dagegen, so sagte ich mir, hatte mir etwas vorgemacht. Seit jenem ersten, weit zurückliegenden Mal, als ich begriffen hatte, dass ich nicht die einzige Frau war, die Jacques in seiner Junggesellenwohnung empfing, und als ich zum Schutz vor der Eifersucht in dem Brief, den ich ihm hinterließ, damit prahlte, die freizügigste von allen zu sein, hatte ich immer mit der Vorstellung gelebt, die Sexualität sei das Gebiet, auf dem ich glänzen konnte, und sollte ich anderswo Pech haben oder auf Hindernisse stoßen, verfügte ich dort zu meiner Beruhigung und Erleichterung, um mir zu schmeicheln und um zu vergessen, über einen Bereich, in dem sich mir nichts in den Weg stellen würde. Aber hatte mich mein Freiheitsgefühl nicht nachlässig gemacht, und hatte ich nicht, als ich mich dem Zufall der Begegnungen überließ, auch die Lust zu sehr dem Zufall überlassen? Hätte ich nicht gut daran getan, mich weniger unbekümmert zu verhalten und mich nicht zu verzetteln, um die besonderen Wege meiner eigenen Lust besser kennenzulernen? Ich stellte Überlegungen an, die aus einem Handbuch für Sexologie hätten stammen können, ich unterstellte Jacques eine Erfahrung sexuellen Glücks, wie ich es nicht hatte erreichen können. Während einer Sitzung äußerte ich M. gegenüber diese

Überzeugung und erklärte, Jacques habe mir etwas genommen, was »meine Sache« gewesen sei.

Auch nicht viel begabter war ich für die Analyse meiner Träume, die zu behalten mir irrsinnig schwerfiel. Wenn ich sie aufschrieb und am nächsten Morgen wiederlas, kamen sie mir völlig fremd vor und ich verlor schnell den Mut. Sehr empfänglich war ich dagegen für ihre Atmosphäre; selbst wenn diese bedrückend oder erschreckend war, wollte ich sie lieber nicht mit dem Versuch einer Interpretation zerstören, ich wäre gern obendrüber geschwebt wie eine Wolke über einer heiteren Landschaft. Trotzdem kam ich eines Tages mit einem Traum zur Sitzung. Er hat sich heute zum großen Teil verflüchtigt, behalten habe ich das Folgende. Er spielte bei dem Psychoanalytiker. Dieser kam gegen seine Gewohnheit nicht, um die Tür zu öffnen und mich ins Sprechzimmer zu bitten, denn die Tür stand bereits halb offen. Die Verbindungstür zwischen Warte- und Sprechzimmer befand sich ungefähr in der Mitte eines korridorartig verengten Raums, so dass ich, als ich in meinem Traum durch diese Tür ging, den Therapeuten in einer gewissen Entfernung in der Zimmermitte erblickte. Neben ihm stand eine Frau. Das ist alles. Die Identität dieser Frau ist unklar: Ich weiß nicht mehr, ob es sich um eine Unbekannte handelte, um eine Projektion meiner selbst oder um ein Morphing zwischen beiden, wie es in Träumen häufig vorkommt. Es war keine sexuelle Szene, ich erinnere mich auch nicht an bestimmte Gesten oder Worte, aber sie vermittelte bei mir den Eindruck liebevoller Zuneigung und angenehmer Zweideutigkeit.

Nach diesem Traum kam mir eine, diesmal sehr reale Szene aus meiner Jugend wieder in Erinnerung. Jahrelang hatte meine Mutter ihren Freund gehabt, der viel Zeit bei uns verbrachte, wenn mein Vater manchmal für mehrere Tage verschwand. Er war uns so vertraut, dass mein Bruder und ich ihn Papy nannten. Ohne dass wir jemals dazu angehalten wurden, erwähnten wir diesen Mann in Gegenwart meines Vaters nie, ein Beweis dafür, dass wir, noch bevor wir in der Lage waren, uns die Art seiner Beziehung zu unserer Mutter genauer vorzustellen, schon den Verdacht hatten, es handle sich dabei um etwas Anstößiges, Verbotenes, weil es geheimgehalten werden musste. Als wir in das Alter kamen, in dem man sich dann expliziter mit der Sexualität beschäftigt, überraschte ich sie gelegentlich, Papy und meine Mutter, bei einer verstohlenen Umarmung an der Haustür. Ich kam den Flur entlang, der zu den Schlafzimmern führte, und sah sie am anderen Ende des Ganges im Türrahmen stehen. Meine Mutter wandte mir den Rücken zu, aber wenn ich die Augen schließe, um mir die Szene in Erinnerung zu rufen, hat ihr Gesicht trotzdem jene unbestimmte Weichheit in den Zügen und im Blick, die Ausdruck eines ruhigen, in gesicherten Bahnen verlaufenden Liebeslebens ist. Ich war schockiert, aber ich weiß nicht mehr, warum: Ich bezweifle, dass ich daran dachte, dieser Kuss könne einen Verrat gegenüber meinem Vater bedeuten, denn es galt schon als ausgemacht, dass jeder »seiner Wege ging«, wie ich hatte sagen hören, und es war mir nicht verborgen geblieben, dass auch mein Vater eine oder mehrere Geliebte hatte; vermutlich war es eher ein allgemeineres Erschrecken vor der Enthüllung der Sexualität, wie man es während der Pubertät erlebt, der Reflex eines extremen Schamgefühls, ein Schutzreflex des Heranwachsenden, bevor er unter die Herrschaft des Enthüllten gerät, ein Erschrecken, das er besonders beim Anblick der Eltern empfindet, wenn er entdeckt, dass auch sie trotz ihrer vermeintlichen Klugheit und Autorität dem unterworfen sind. Wenn ich, statt all das in einem Buch zu erzählen, mich entscheiden würde, es im Theater zu zeigen, könnten für beide Bilder, für das Traumbild und das erinnerte Bild, dieselben Kulissen verwendet werden. Neben den Bildern, die uns ermöglichen, Gesichter, Gegenstände oder Landschaften zu identifizieren und unbewusst deren Ähnlichkeiten mit anderen festzustellen, prägen sich unserer Psyche auch abstraktere Strukturen ein, Raumelemente, die wir »wiedererkennen«, in welcher Verkleidung auch immer, die Tapete der elterlichen Wohnung, die cremefarbenen Wände des Sprechzimmers beim Psychoanalytiker. Anders gesagt, wenn wir den Raum täglich unseren Bedürfnissen anpassen und ihn unserem Willen unterwerfen, weil wir in Sachen Architektur alle mehr oder weniger dem »Bürger als Edelmann« gleichen, so gibt es doch auch widerspenstige Raumteile in unserem Innern, die uns gewissermaßen von innen heraus gefangenhalten. Ich war verurteilt zu dem schlauchförmigen Flur und dem heimlichen, aber gerahmten Anblick eines Paares.

M. riet mir, einen Roman von Marguerite Duras zu lesen, *Die Verzückung der Lol V. Stein.* Es war das erste Mal, dass er mir ein Buch empfahl! Die Werke von Duras hatte ich immer liegen lassen, vielleicht weil sie so rätselhaft sind wie die Träume und vom Leser verlangen, die fehlenden Puzzleteile in sich selbst zu suchen, ich mich aber lieber heimlich und eher passiv durch eine Fiktion fesseln lasse. Jacques kommentierte die Empfehlung mit der Bemerkung, *Die Verzückung der Lol V. Stein* sei ein Roman, der »die Psychoanalytiker immer sehr interessiere«. Ich stürzte mich hinein; und diesmal hat, wie man so sagt, der Zauber gewirkt.

Wir erwarten nicht unbedingt von allen Kunstformen die gleiche Befriedigung, und mir persönlich macht es Vergnügen, beim Lesen Landschaften zu durchqueren und Welten zu erkunden, während ich mich Gestalten eher über Werke der bildenden Kunst nähere. Normalerweise identifizieren wir uns mit Skulpturen oder Gemälden, die unser lebloses, aber unvergängliches Alter Ego sind, Bücher dagegen, unbeständig und nomadenhaft, bringen uns dazu, aus uns herauszugehen und zu reisen. Poussins Landschaften sind wunderbar, doch was mich berührt, sind die Körperhaltung und die frischen Gesichter; Caspar David Friedrich hat mir nie sonderlich gefallen; und die großformatigen Bilder der amerikanischen Abstrakten liebe ich deshalb so, weil sie auf ihre Weise ebenfalls den Körper ansprechen. Liebend gern würde ich aussehen wie die jungen Leute auf den Porträts der Manieristen und in ihre Kleider schlüpfen, aber mit wem sollte ich mich beim Lesen von *Moby Dick* identifizieren? Mit Ahab? Oder mit dem Erzähler? Weder mit dem einen noch mit dem andern, ich fahre zur See und kümmere mich um keinen von beiden. Und ist es überhaupt denkbar, von dem transparenten Erzähler bei Proust ergriffen zu sein? Ist Swann nicht eher interessant als sympathisch? Dagegen wird man in den Roman hineingezogen wie in ein Labyrinth, während er nach und nach seine Topographie offenbart. Selbst die Empathie, die ich für die zu Herzen gehenden Personen bei Bernanos empfinde, rührt ebenso sehr, wenn nicht stärker von der erdig feuchten Atmosphäre her, die sie umgibt, wie von ihrem Verhalten als Heilige oder als Verdammte.

Außerdem »begibt« man sich in ein Buch »hinein«, denn es ist ja ein dreidimensionaler Gegenstand, begegnet aber dort, sobald man die Seiten umblättert, als vierter Dimension der Zeit. Man erlebt die Befriedigung, in der linken Hand einen rasch dicker werdenden, dunkleren Teil all der angehäuften gedruckten Buchstaben zu halten, die Dunkelheit des bereits durchschrittenen Raums, die Vergangenheit, auf die man zurückblickt. Ungeduldig warte ich darauf, die Dichte dieser zurückliegenden Zeit physisch zu spüren, die erzählte Zeit, die sich mit der Zeit meiner Lektüre vermischt, einem Abschnitt meiner Lebenszeit, Zeit, die der Einrichtung eines Raums gewidmet ist, der manchmal meine reale Umgebung verwandelt und mich bald meine Eile bedauern lässt, weil es mir irrsinnig schwerfällt, ihn wieder zu verlassen. Ich lese niemals ein Buch nach dem andern, sondern warte ein paar Tage, um mich auf die Ortsveränderung einzustellen, aus dem gleichen Grund, weshalb man schweigt, wenn man aus dem Kino kommt; ich überschreite eine Grenze, die mir eine Quarantäne auferlegt.

Die Straßen der Stadt, in denen Lol V. Stein umherirrt und auf Schritt und Tritt einem Paar folgt, habe ich gleich von Anfang an vor mir gesehen: Ich dachte dabei an den Wohnort der Autorin, der auf dem Einband meiner Taschenbuchausgabe angedeutet war – die Holzstege am Strand von Trouville. Sie weckten auch Erinnerungen an verlassene Orte am Meer außerhalb der Saison, die für mich ebenfalls am Atlantik liegen, allerdings in der Bretagne, in Quiberon. Die Bilder, die mir zur Verfügung stehen, stammen aus den Ferien, die ich als Kind dort verbrachte. Meine Eltern mieteten immer für drei Monate, also waren diese Ferien lang, und ab Mitte September liefen wir zum Strand über die breiten, schon fast leeren Straßen mit den großen Villen inmitten von Gärten, deren Mauern obenauf mit Backsteingittern verziert waren. Natürlich ersehnte ich mir ein Leben, das mir irgendwann den Zugang zu diesen Villen verschaffen würde.

Die Szenen, in denen Lol V. Stein, in einem Roggenfeld versteckt, heimlich das Paar beobachtet, das sich am Fenster eines Hotels zeigt, stattete ich mit verschiedenen Anleihen aus. Ein Modell lieferte sicherlich das berühmte Gemälde von Andrew Wyeth, *Christina's World*, eine junge Frau, die im Gras liegend von weitem ein Haus auf der Höhe beobachtet. Dabei habe ich das Werk dieses Malers nie sehr geschätzt. Aber unser Unbewusstes teilt nicht immer unseren Geschmack. Allerdings musste ich das Bild mit Bäumen vervollständigen, denn das Hotel, in dem sich das Paar befindet, heißt Hôtel des Bois, Waldhotel, außerdem musste ich es in die Nacht versetzen, wofür ich gewöhnlichere Quellen heranzog. Wahrscheinlich kombinierte ich Werbefotos von Luxushotels unter sehr hohen Bäumen in idyllischem Dämmerlicht mit Illustrationen zu Kindermärchen, in denen man tief im Wald in einem Lichtkreis ein Schloss erblickt.

Bei der Umsetzung in meinem Kopf beließ ich beiden Umgebungen die Einfachheit und Klarheit, die der Stil von Marguerite Duras nahelegt. Und die Genauigkeit, mit der Duras die Personen im Raum anordnet, in ihrem Verhältnis zueinander sowie zu Bezugspunkten in der jeweiligen Umgebung, wie Tür, Fensterfront oder Terrasse, mit Grünpflanzen geschmückte Bar oder Bushaltestelle, hat mich darauf gebracht, sie den kleinen Figuren anzugleichen, die sich, willkürlich verteilt, auf Architektenzeichnungen und -entwürfen finden und deren Darstellung in aktiven, aber starren Posen mir gefällt, weil sie den Raum zwischen diesen Figuren verdichtet und sie miteinander verbindet. Ihre Bewegungen bleiben in der Schwebe, und so erwecken sie den Eindruck, als hielten sie den Raum in ihren Armen; das lässt sie miteinander verwachsen. Es ist das enge Verbundensein mit der Welt, wie sie das leichtgläubige und wehrlose Kind erlebt, das dem Schlag, der es trifft, nicht ausweichen und von einem faszinierenden Schauspiel den Blick nicht abwenden kann, das aus seiner kurzen Vergangenheit die Unwissenheit eines Neugeborenen bewahrt hat und noch nicht weiß, dass es einen autonomen Körper besitzt, und den Gedächtnisverlust von Duras' Protagonistin, ihre Lakonie, ihre Passivität empfand ich als Zeichen eines solchen Verbundenseins. Wenn wir unter zu großem Druck stehen, kann es eine Lösung sein, so mineralisch zu werden wie das, was uns erdrückt, und den Platz eines Fossils einzunehmen.

Die beiden anderen Protagonisten des Romans kommentieren die einsamen Spaziergänge der Lol V. Stein. Sie vermuten, dass sie im Wandern »wieder mit der Vergangenheit anfängt«, sich unermüdlich an den Ball erinnert, bei dem sie sah, wie der, den sie liebte, mit einer anderen fortging, was sie in tiefe Verzweiflung stürzte. »Eine Süchtige«, sagt Tatiana. Ich habe »Süchtige« unterstrichen. Der Mann, der sich, als er Tatiana im Hotel trifft, von Lol beobachtet weiß, zieht später seine Geliebte ans Fenster. »Vielleicht bleibt sie in dem Rechteck von Lols Blickfeld stehen.« Und weiter: »Sie hatte uns abwechselnd im Fensterrahmen gesehen, in diesem Spiegel, der nichts spiegelte und vor dem sie in Wonne die gewünschte Verdrängung ihrer Person empfinden konnte.« Die beiden Sätze sind am Rand angestrichen. Später fragen beide Lol, was sie gewollt habe, als sie ihren Verlobten den Ball in Begleitung einer anderen Frau verlassen sah? Zweimal antwortet sie: »Sie sehen.« Unterstrichen.

Ich las das Buch im Süden auf der Terrasse in einer Phase, als ich ziemlich entspannt war, und allein schon die Empfehlung dieser Lektüre war ein konkretes Zeichen, das mir Zuversicht gegeben hatte, weil ich sie als Angebot einer ganz normalen Unterhaltung auffasste, die mich auf einmal mit dem Analytiker auf eine Ebene stellte, mich vorübergehend hochhob aus meiner liegenden Position auf Höhe seiner Knie! Ich wundere mich, dass die zitierten Stellen, die ich mit Bleistift angestrichen hatte, nicht so etwas wie Erleuchtung bewirkten. Wie konnten sie ein so starkes Echo in mir hervorrufen, ohne dass ich daraus folgerte, sie enthielten möglicherweise einen Schlüssel, der, wenn ich ein bisschen nachdachte, mein Leid, wenn schon nicht beseitigen, so doch erhellen, vielleicht sogar lindern würde? Gewiss, meine kleinen Entgleisungen waren nicht vergleichbar mit der Schwermut, in die Lol V. Stein versinkt, und ich war niemals von einem Mann verlassen worden, weder rücksichtsvoll noch rücksichtslos. Selbst wenn ich mich abscheulich verhielt, hatte Jacques nie damit gedroht. Und selbst, wenn ich manchmal daran dachte, ihm nachzugehen, wenn er eine seiner Freundinnen treffen würde, war das doch nur eine weitere Phantasie: Sieht man von den Anfällen ab, war ich immer noch genügend bei Verstand, um, auch ohne es in Worte fassen zu müssen, die Lächerlichkeit und das Risiko eines derartigen Verhaltens beurteilen zu können, denn das hätte Jacques vielleicht wirklich nicht ertragen. Der Schritt zur Tat erfolgte nie. Ich behaupte nicht, dass ich zum Beispiel nie von Rachegedanken erfüllt war. In einer häufig wiederkehrenden Vorstellung sammelte ich alle Fotografien, die ich von einer seiner Freundinnen gefunden hatte, ein und warf sie ihr bunt durcheinander in ihren Briefkasten. Aber es genügte mir, dem Modell die Bilder, diese Widerspiegelungen, die ich unter Verschluss halten wollte wie den Dämon, der mich heimsuchte, nur in der Phantasie zurückzugeben. Diese in Jacques' Schubladen gefundenen Beweisstücke waren die einzigen Realitätspartikel, die ich berührte, und, wie gesagt, auch das nur mit den Fingerspitzen.

Vor allem hätte ich ihn nicht überraschen wollen, wogegen andere Männer, an die ich mich gebunden fühlte, durchaus vor meinen Augen mit anderen Frauen vögeln konnten, ohne dass ich dabei besondere Eifersucht empfand, es gab mir höchstens den legitimen kleinen Stich, doch Jacques in Wirklichkeit bei diesem Akt zu sehen ist ein Tabu, das ich schwer durchbrechen könnte. Ganz am Anfang unserer Beziehung hatte ich einmal Gelegenheit, das festzustellen, als sich, größtenteils von mir provoziert, eine solche Situation ergab und ich entgegen aller Erwartungen, auch meiner eigenen, aggressiv reagierte. Schon damals handelte es sich um eine Regung von Eifersucht, zu der vielleicht eine intuitive Erkenntnis hinzukam: Die Positionen, die ich uns von nun an in unserem Verhältnis zueinander zuwies, verboten es mir, das Spiel anzuführen – und Jacques hätte in dieser Situation sicher nicht die Initiative ergriffen, zumindest nicht mit mir. Auch wenn ich weiterhin mein freizügiges Leben führen und damit prahlen konnte, die sexuelle Freizügigkeit sei »mein Ding«, so war mir das wegen der symbolischen Autorität, die ich ihm im Rahmen unserer Beziehung zuerkannte, in seiner Gegenwart nicht mehr möglich. Er bestimmte den Charakter unserer sexuellen Beziehung; wenn wir zusammen waren, hatte er das Sagen.

Über meine Lektüre habe ich mit Jacques kaum gesprochen, und ich weiß nicht einmal, ob ich mit dem, der sie mir empfohlen hatte, nochmal auf das Thema zurückgekommen bin. Die Geschichte der Lol V. Stein stand mir deutlich vor Augen, aber zunächst machte ich nichts damit, sondern bewahrte sie nur auf. Mit vollem Bewusstsein interpretiert habe ich sie tatsächlich erst wesentlich später, als ich mein Buch über Salvador Dalí schrieb, in dem es viel um Voyeurismus und das Gefühl des Ausgeschlossenseins geht. Wenn man gerade etwas sehr Anstrengendes durchgestanden hat, zum Beispiel eine Reise in einem problematischen körperlichen Zustand, ist man dann nicht manchmal versucht, den Moment der wohlverdienten Ruhe auf später zu verschieben und sich Zeit zu lassen, bevor man es genießt, angekommen zu sein? Wartet man nicht lieber oder unternimmt, wo man schon einmal dabei ist, noch eine letzte Anstrengung, räumt das Zimmer auf, bevor man sich ins Bett legt, oder nimmt alle Kräfte zusammen, um noch ein paar Meter höher zu steigen und eine schönere Aussicht zu haben, wobei man sich ein letztes Mal masochistisch auf die Muskelschmerzen einlässt und sie vor der erhofften Erleichterung in die Länge zieht? Ich habe meine Versteifung nicht sofort abgeschüttelt. Beim Lesen der psychoanalytischen Literatur habe ich mich immer gewundert, mit welcher Selbstverständlichkeit die dort geschilderten Fälle eine Lösung fanden: Der Neurotiker breitete mehr oder weniger ausführlich seine Kindheitserinnerungen und seine Träume aus; sie fielen ihm mit einer Deutlichkeit wieder ein, um die ich ihn beneidete; dank eines Lapsus, eines Traumdetails, sprang der Grund seiner Manie oder seiner Hemmung oder seiner Phobie wie ein Teufel aus der Kiste seines Unbewussten. Heureka! Ein entscheidendes Indiz ermöglichte ihm, in einem einzigen Anlauf die Intrige seines Komplotts gegen sich selbst zurückzuverfolgen. Mir wurde keine so brillante Auflösung zuteil, es ging mir nur allmählich besser, die Krisen wurden seltener, und es kam der Moment, wo ich mir sagte, ich ginge doch nicht zur Analyse, um über meine Sorgen im Büro zu reden.

Doktor M. war wieder umgezogen, und statt dass ich meine Erinnerungen und meine Gefühle wie Früchte ausbreitete, die man in gedämpftem Licht trocknen lässt und ihnen dabei zusieht, wie sie die warme Färbung der Umgebung annehmen, saß und redete ich in einem Sprechzimmer im Zwischengeschoss, das nur durch ein Bullauge von einem düsteren Wartezimmer her erhellt wurde. Durch eine Tür im Portalvorbau des Gebäudes trat man in einen Raum, vermutlich eine ehemalige Concièrge-Loge, mit einem bunten Fenster, das zwar ziemlich groß war, aber auf den Hof hinausging. Ein Teil dieses engen Wartezimmers lag tiefer als das Zwischengeschoss, was das Gefühl von Bedrückung noch verstärkte. Ich betrat diesen Ort nicht mit der Hoffnung, dass meine krankhaften Gedanken sich in luftige Teilchen verflüchtigen würden, eher befürchtete ich, mich in diesem Grau in Grau zu Tode zu langweilen. Ich hatte mit dem Schreiben von *Das sexuelle Leben der Catherine M.* begonnen. Als ich vom Verlag den Vertrag erhalten hatte, verkündete ich es frohgemut während einer Sitzung, die noch in dem strahlend hellen Sprechzimmer stattfand. Jetzt waren die Sitzungen mehr oder weniger der Frage gewidmet, ob ich mit der Analyse aufhören sollte oder nicht. Jedes Mal begleitete mich der Therapeut zur Tür mit den Worten »bis nächsten Donnerstag« oder »bis nächste Woche«. Eines Tages schließlich schüttelte ich den Kopf und antwortete nein, ich entzog mich unter dem Vorwand, ich bräuchte Zeit, »Zeit, um dieses Buch zu schreiben«. Ich stürzte schnell die Treppe vom Sprechzimmer zum Wartezimmer hinunter. Ich suchte sozusagen mein Heil in der Flucht.

Am Strand

Ich war noch eine sehr junge Kunstkritikerin, als ein Verleger eine Geschichte der modernen Kunst bei mir in Auftrag gab. Das war Ende der siebziger Jahre und die moderne zeitgenössische Kunst lockte noch kein so großes Publikum an wie heute. Der Buchhandel hatte zu diesem Thema nicht viel zu bieten, und es war ein großer Vertrauensbeweis, mich mit einem so umfassenden Thema zu beauftragen. Als Autodidaktin befand ich mich in einem Stadium, in dem ich zu meiner eigenen Bildung systematisch alle Museen besuchte. Ich machte mich sofort an die Arbeit: Futurismus, Expressionismus, Konstruktivismus, Dadaismus, Bauhaus, De Stijl … ich las alles, was ich mir beschaffen konnte, sammelte in Heften Hunderte von Zitaten, die mir nützlich sein sollten, zog Inkunabeln heran, die nie anderes waren als Kataloge mit bestenfalls Schwarzweiß-Reproduktionen auf schlechtem Werkdruckpapier. Während des Sommerurlaubs, den wir in Florenz verbrachten, schrieb ich zwei oder drei Kapitel. Ich schrieb bei drückender Hitze an einem winzigen

Tisch unter hohen Bäumen im Park einer Villa an der Porta Romana, wo wir einen Teil des Erdgeschosses gemietet hatten. Aber die materiellen Probleme bei *art press*, die Ungewissheit über die Zukunft der Zeitschrift beschäftigten mich zu sehr, als dass ich nach unserer Rückkehr kontinuierlich hätte weiterschreiben können. Ich ließ die Arbeit liegen, sie hätte auf jeden Fall eine größere Reife erfordert, als ich sie damals besaß. Der Verleger, der mich damit beauftragt hatte, verließ den Verlag, und es wurde niemals etwas von mir eingefordert. Was bei mir hängenblieb, war die Vorstellung, dass es, sollte ich jemals ein Buch veröffentlichen, eine Summa sein würde. Diesmal war ich bei der Umsetzung eines derartigen Vorhabens gescheitert, aber das Vorhaben an sich blieb bestehen. Mit vielen meiner Künstlerfreunde und Kollegen teilte ich damals eine teleologische Auffassung von Kunst; einen Teil der Geschichte zu erzählen hätte bedeutet, die zeitgenössischen Kunstwerke, die ich verteidigte, rechtfertigen zu müssen; nur eine vollständige Darstellung konnte unwiderlegbar sein. Außerdem hatte ich eine bestimmte, mit meiner Arbeitsökonomie zusammenhängende, Vorstellung von dem, was ein Buch sein sollte. Im Gegensatz zur Zufallsabhängigkeit meines täglichen Tuns war ein Buch etwas Seltenes und Notwendiges; es genügte, ein einziges zu schreiben, ein Meisterwerk im alten Sinn sozusagen, mit dem Unterschied, dass es, statt die Anwendung bestimmter Verfahrensweisen zu begründen, in einer Zusammenfassung von Erfahrung und erworbenem Wissen deren Ergebnis darstellte. Das Scheitern meines Versuchs zwang mich zu einer realistischeren Einschätzung meiner Fähigkeiten und zum Warten. Das Warten dauerte nicht lange. Fünf oder sechs Jahre später bat mich ein anderer

Verleger, einen Überblick über die zeitgenössische Kunst in Frankreich zu schreiben. Das war ein vernünftigeres Projekt. Ich nutzte die Gelegenheit, um das Thema, meiner Idealvorstellung entsprechend, so erschöpfend wie möglich abzuhandeln, und lieferte ein dickes Manuskript ab.

Wie ich feststelle, habe ich von einem Buch eine ähnliche Auffassung wie von der Liebe! Ich war freizügig, aber gewiss nicht flatterhaft. Menschen, die eine Liebesgeschichte an die andere reihen, sind für mich wie Angehörige eines fremden Stammes, dessen Sprache und Sitten ich nicht verstehe. Ich hege einen unverbesserlichen und ernüchternden Skeptizismus gegenüber den romantischen Naturen, die der Liebe auf den ersten Blick erliegen. Meine Erfahrung ist vollkommen anders! Es brauchte viele Jahre, Hunderttausende von Zärtlichkeiten, Tausende von Gesprächen und eine kleine Anzahl von gemeinsam durchgestandenen Prüfungen, bis ich mein Gefühl für Jacques, natürlich ohne es auf eine rationale Überlegung zurückzuführen, als Liebe erkannte. Und es brauchte noch eine Weile, bis ich es ihm sagte. Wir hatten gerade unser neues Haus bezogen. Abends, nachdem das Licht ausgeschaltet war, dachte ich nach. Ein kurzes Schweigen markierte eine Zäsur gegenüber dem Rest des Tages, bevor ich mich entschied, ihm, wie gewohnt, eine gute Nacht zu wünschen, und manchmal sagte ich dann: »Ich liebe dich.«

Mit meiner entschiedenen Vorliebe für Gesamtdarstellungen schrieb ich später für eine Lehrbuchreihe, was eine Eingrenzung des Themas erforderte, ein Buch, das die gesamte internationale Szene der zeitgenössischen Kunst umspannte. Und als der Band fertig war, hatte ich zum ersten Mal in meinem Berufsleben kein größeres Projekt mehr in Arbeit. Ich hatte Zeit, und da kam mir die Idee, »Das sexuelle Leben der Catherine M.« zu schreiben. Eine dieser mehr oder weniger frivolen Ideen, mit deren Hilfe wir uns von Zeit zu Zeit einem schwierigen oder langweiligen Alltag entziehen. Wir nehmen uns vor, später in einer hypothetischen Zukunft etwas zu tun, was uns glücklich oder groß machen wird, aber dieses Etwas bleibt verschwommen. Die Mühe, es zu präzisieren, machen wir uns nie. Es könnte eine Schimäre unter vielen bleiben, die in Abständen flüchtig wiederkehrt, uns unser Leben lang begleitet und dabei bis zum Zeitpunkt der endgültigen Abrechnung die Hoffnung auf ein anderes Leben aufrecht hält. Doch nun fasste ich dieses Etwas ernsthaft ins Auge: das Schreiben einer Autobiographie, die nur mein Sexualleben berücksichtigen sollte. (»Ernsthaft« ist allerdings ein etwas zu großes Wort, denn ich konnte darin nur ein kurzfristiges Unternehmen sehen und es auch nicht sofort und gänzlich von einem Phantasma unterscheiden.)

Jetzt schreibe ich ein neues autobiographisches Buch, das mir übrigens sehr bald nach der Veröffentlichung des ersten eingefallen ist, als notwendige Fortsetzung, die ich nicht im Voraus bedacht hatte. Der Vorsichtsmaßnahmen, die ich ergreife, bin ich mir bewusst: Ich verwende häufig Formulierungen wie »mir scheint«, »ich glaube mich zu erinnern« und benutze den Konjunktiv. Mit zwanghafter Ehrlichkeit mache ich darauf aufmerksam, dass ich im Lauf einer Erzählung, die selbstverständlich gewissenhaft sein soll, auf Vermutungen angewiesen bin, wenn mein Gedächtnis oder meine analytischen Fähigkeiten versagen. Aber Vergessen gehört zur autobiographischen Materie dazu, und ich versuche nicht, es zu kaschieren. Auch Picassos Skulpturen bestehen ja aus Fülle und aus Leere, warum sollten nicht auch Memoiren teilweise die Gedächtnislücken berücksichtigen? Jedenfalls kann ich kaum datieren, wann die Idee zu einem Buch mit dem Titel *Das sexuelle Leben der Catherine M.* entstand, obwohl ich sicher bin, dass sie vor der Krise auftauchte, von der in diesem Buch die Rede ist. Ich weiß auch nicht, wann ich zum ersten Mal dafür offen war. Gelegentlich frage ich in meiner Umgebung nach, um meinen Erinnerungen auf die Sprünge zu helfen, aber in diesem Fall erinnert sich Jacques ebenso wenig wie ich. Fest steht, dass die Idee während der Krise Gestalt angenommen hat.

Wieder aufgetaucht ist sie im Lauf eines Gesprächs mit einem Freund, der das Buch verlegen sollte und uns sagte, mit besonderer Neugier warte er auf Romane oder Erzählungen von Frauen, die ihre Sicht der Sexualität ans Licht bringen würden. Jacques hat mich sehr ermutigt. »Du solltest das Buch machen.« Ich höre mich noch antworten: »Ja, ja ... bis jetzt sind ja alle, die ich geschrieben habe, ziemlich gut gelaufen.« Ich redete, als handelte es sich um ein weiteres Buch über Kunst. Dabei wusste ich weder, was genau der Inhalt sein, noch wie ich vorgehen sollte, aber ich fühlte mich meiner Sache ziemlich sicher. Allerdings freute ich mich nicht so, wie man es tut, wenn sich die Gelegenheit bietet, ein lange geplantes Projekt oder eine langgehegte Hoffnung zu verwirklichen. Allenfalls amüsierte mich die Abgeschmacktheit dieses Unternehmens. Auch Lampenfieber hatte ich nicht. Ich war in der gleichen Verfassung wie mit zwanzig, als es mir selbstverständlich erschien, dass mich das Milieu der Kunst, nur weil ich davon geträumt hatte, mit offenen Armen aufnehmen würde. Mit der konventionellen Antwort, die ich Jacques gab, wollte ich weniger meinen Entschluss bekräftigen, als vielmehr das im Zaum halten, was man für Dreistigkeit hätte halten können.

Trotzdem machte mir eines Sorge: das, was man früher »Stil« genannt hätte und jetzt eher »Schreibweise« nennen würde. Weil meine Bildung zum großen Teil aus der Beschäftigung mit den Avantgarden herrührt und sich auch die zeitgenössischen Werke, die mich interessieren, auf sie beziehen, hatte ich mir in den Kopf gesetzt, etwas Geschriebenes, das nicht journalistischen oder didaktischen Zwecken diente, müsse zwangsläufig in einer neuen Form präsentiert werden. Da die Maler, die ich bewunderte, mit Hilfe einer nackten Leinwand alles neu erfunden hatten, dachte ich, ich müsse eine noch nie dagewesene Form finden, die Worte aneinanderzureihen. Bis heute habe ich in Pappkartons die sorgfältig in Schönschrift auf Canson-Papier abgeschriebenen Gedichte aufbewahrt, die ich mit fünfzehn oder sechzehn dem jungen Mathematiklehrer zeigte. Mit Randbemerkungen versehen, als hätte er einen Französischaufsatz korrigiert, gab er sie mir zurück. Er kritisierte die gewollt originelle Seitenaufteilung mit eingerückten Zeilen oder Absätzen manchmal mitten im Satz. »Immer dieses Problem mit der Aufteilung!« schrieb er an den Rand. Ein paar Komplimente machte er mir allerdings auch. Ich hatte ihm eine unvollendete Novelle anvertraut, eine Erzählung über den Spaziergang einer namenlosen jungen Frau in einer ausgestorbenen unbekannten Stadt. Sie betrat ein düsteres, geheimnisvolles Haus. Dort nahm eine andere, »eine kräftige Frau in einem steifen schwarzen

Kleid«, sie bei der Hand und führte sie zu einer Gruppe. Neben den folgenden Satz hatte mein Mentor ein »Sehr gut« geschrieben: »Überwiegend beige und hellgrau gekleidete Männer warfen vergilbte staubige Karten auf verschnörkelte Gasthaustische mit einer so erstaunlichen Heftigkeit, dass es sich dabei nur um Gleichgültigkeit handeln konnte.« »Beige und hellgrau« hatte er sogar unterstrichen. Der Geschmack dieses ersten Lesers war von dem klassischen Stil infiziert, in dem meine Personen gekleidet waren; was ihm daran gefallen hatte, so schloss ich daraus, war eine eher klassische Form und Reminiszenz. Ein beschreibender Satz statt unerwarteter Zäsuren. Später zeigte ich Claude diese und noch weitere Gedichte. Er fand sie sehr schön, aber nichtssagend. Jacques habe ich sie nie gezeigt, weil er Schriftsteller ist und ich mich ihm gegenüber dieser kindlichen Versuche geschämt hätte.

Den Vertrag über *Das sexuelle Leben* unterschrieb ich, ohne zu zögern, aber da ich mich aus Zeitgründen nicht gleich an die Arbeit machen konnte, war ich ein paar Wochen lang unschlüssig und ebenso verwirrt wie fünfunddreißig Jahre früher. Ich dachte, mein Thema erfordere die Erfindung einer besonderen Gestaltungsweise, so wie ein Koch bei ungewöhnlichen Zutaten zwangsläufig neue Rezepte erfinden muss. Aber wie sollte ich das angehen, wovon ausgehen?

An einem Frühlingsnachmittag zwischen Sand und Himmel fiel mir die Lösung zu. Wir waren an einen Strand gefahren, an dem wir bei starkem Wind gern spazierengehen, er liegt am Fuß einer Steilküste und ist deshalb geschützt. An diesem Tag war er menschenleer, und die Luft war in dieser Jahreszeit klarer als im Sommer. Gespräche beim Spazierengehen bringen mir immer am meisten, weil ich im Freien meine Hemmungen verliere. Das Denken ist ein Schrank, den man von Zeit zu Zeit im wahrsten Sinn des Wortes durchlüften muss. Ich betrachte das Panorama, ich richte meinen Blick auf den offenen Horizont oder auf das Nächstliegende, meine Schuhspitzen auf den unebenen Wegen. Ich sehe meinen Gesprächspartner nicht, fühle nur seine Gegenwart, umso mehr, als sie mich in die Landschaft einbindet. Ich bin nicht dem Blick ausgesetzt, der über mich urteilen könnte, nehme nur eine Nähe war, die mich beruhigt. In dem entscheidenden Moment ruhten wir uns aus. Ich saß auf dem Boden und war beim Reden damit beschäftigt, meine Hand in den Sand zu drücken. Hinter mir ragte die Steilküste auf, die ich seit ein paar Jahren nicht mehr hinaufsteigen wollte. Wir waren oft zu dem kahlen, nur mit einem Leuchtturm und ein paar Büschen akzentuierten Plateau oben auf der Höhe hinaufgewandert. Aber ich wollte nicht mehr dorthin, seitdem ich aus Jacques' Notizen wusste, dass er es dort mit einer Freundin getrieben hatte, und das demütigte mich, denn der Platz liegt sehr frei, weshalb wir, wenn er mit mir dort gewesen war, immer darauf verzichtet hatten. Was für ein starkes Begehren musste Jacques dazu gedrängt haben, unvorsichtiger zu sein als mit mir? Wären wir zusammen an diese schwindelerregenden Stellen zurückgekehrt, dann hätten mich die Erinnerungen, die ihm dort gekommen wären und die ich nicht mit ihm hätte teilen können, sicher in die Flucht gejagt.

Diesmal dachte ich nicht mehr daran, denn nichts nimmt einen so sehr in Beschlag, im besten wie im schlechtesten Sinn, wie die Beschäftigung mit technischen Problemen.

Sie können zur Obsession werden und überdecken dann alle anderen Gedanken, selbst die schlimmsten. Ich hörte Jacques zu, der vor mir auf und ab ging. Wenn ich zu ihm aufsah, konnte ich im Gegenlicht seine Züge kaum erkennen, deutlich und lebhaft zeichneten sich dagegen seine Gesten ab. Er erklärte mir, ich bräuchte mir nicht den Kopf zu zerbrechen, ich sollte dieses Buch so angehen wie die anderen auch, mit meiner gewohnten Klarheit und Präzision. Ich war zutiefst erleichtert. Im Heranfluten der weiten leuchtenden Fläche an den dunklen Punkt, den wir bildeten, floss etwas zusammen: Vertrauensvoll nahm ich Jacques' Worte auf; die Lösung, die er mir vorschlug, trug ich schon in mir, mein vergangenes Leben würde Eingang finden in ein Buch, und der Rat, den er mir für dieses Buch gab, bahnte mir den Weg in ein neues Leben.

Bald darauf fing ich an, mir sehr systematisch Notizen zu machen. Auf einem ersten Blatt listete ich die Namen aller Männer auf, mit denen ich körperliche Beziehungen gehabt hatte; ich erinnerte mich an alle. Anschließend gaben mir die Räume, für deren Wahrnehmung ich sensibler bin als für alles andere, spontan und natürlich die thematische Gliederung des Buches vor. Ich ordnete also meine Erinnerungen thematisch, ohne irgendeine Hierarchie. Nachdem ich mein Gedächtnis entleert hatte, begann ich mit der Erzählung.

Die Krise war im Großen und Ganzen vorbei, allerdings erlebte ich noch Rückfälle. Meine Arbeit wurde durch diese letzten Zuckungen bemerkenswerterweise nicht beeinträchtigt. Manchmal artete ein abendliches Gespräch in einen Streit aus, ich hatte die halbe Nacht lang geschluchzt, trotzdem machte ich mich am nächsten Morgen gelassen an die

Arbeit und beschrieb eine Szene in einem Swinger-Club oder irgendein erotisches Ritual, das wir, Jacques und ich, praktiziert hatten. Ich war durch das Schreiben so stark absorbiert, dass die alltäglichen Vorkommnisse keinen Einfluss darauf hatten. Vielleicht gehörten sie bereits zur Vergangenheit, während die wiedererweckten Erinnerungen paradoxerweise meine Gegenwart ausmachten. Als ich mit dem Buch fast fertig war, stellte ich sogar etwas Interessantes fest. Bevor ich anfing, hatte ich manchmal die Absicht gehabt, die eine oder andere schäbige Bemerkung einfließen zu lassen, allerdings nie direkt an Jacques gerichtet, sondern immer an die Adresse der Frauen: ein Detail ihres Lebens oder ihrer äußeren Erscheinung, das ich kannte und das sie beim Wiedererkennen vielleicht verärgert oder gedemütigt hätte. Aber siehe da, die Erzählung hat mich nie dazu verleitet, derartige Einzelheiten einzuflechten.

Meine Aufmerksamkeit konzentrierte sich ganz und gar auf die einzige weibliche Protagonistin dieser im Imperfekt, dem Tempus des Abstands und der Abgeschlossenheit, geschriebenen Geschichte. Und wie ich entdeckte, treten allmählich Erinnerungen an die Stelle der Zukunftsträume, die langsam schwinden, weil man nicht mehr genügend Zukunft vor sich hat, um ausführlich und abwechslungsreich davon zu träumen. Auf die langen Pausen mentalen Flanierens habe ich nicht verzichtet, aber ich bewege mich weniger auf zukunftsgerichteten Bahnen. Das Älterwerden messe ich nicht so sehr an den Falten im Gesicht und am Steifwerden der Glieder, sondern eher an der eingeschränkten und verarmten Fähigkeit zu träumen. Zum Glück vergeht die Zeit auch ohne unser Zutun, und manche Erwartungen vom Anfang des Lebens haben sich erfreulicherweise auf die eine oder andere Art erfüllt. Aber ich entwickle auch keine neuen mehr und verstehe Rousseaus Melancholie: »Meine bereits weniger lebhafte Vorstellungskraft wird nicht mehr wie früher durch die Betrachtung eines reizenden Gegenstands entflammt, ich berausche mich weniger am Wahn der Träumerei; und in dem, was sie jetzt hervorbringt, ist mehr Erinnerung enthalten als Schöpfung.«

Der Gegenstand einer Träumerei ist kein rationaler Plan, bei dem man messen kann, wie rasch oder langsam, sofort oder verzögert er sich verwirklicht. Die Zeit der Träumerei ist die unbestimmte Zeit der Utopie, ein Begriff, den wir in unserer Psyche kaum anders als mit »weit weg« übersetzen können, und schon bevor das Schwächerwerden unseres Körpers unseren Bewegungsspielraum einschränkt, stellt uns unsere Vorstellungskraft bereits keinen Horizont mehr zur Verfügung, der weit genug wäre, um wie ein unberührtes Land besetzt werden zu können.

Der Abstand, den wir gegenüber den Ereignissen unseres vergangenen Lebens beziehen und der ihren Stellenwert verändert, das Hochkommen einzelner Elemente, die wir zur Zeit des Geschehens vernachlässigt haben, ihr innerer Zusammenhang, der damals unsichtbar war, die Bedeutung, die ihnen die Zeit verleiht, in die sie gehören und die schon als ein Stück Menschheitsgeschichte betrachtet wird, ihre Fremdheit schließlich, die uns den Menschen, der wir waren, als einen anderen erscheinen lässt, all das trägt dazu bei, unser vergangenes Leben zu einem Traum werden zu lassen. Man sagt, die Zukunft schrumpfe zusammen, wenn man nicht mehr glaubt, sie sei ewig, doch die trüben Schleier der Gefühle und Empfindungen heben sich und bringen verkannte Bereiche der Vergangenheit ans

Licht, und sie, die Vergangenheit, ist es, die sich jetzt zu öffnen scheint. Wir werden zum Leser eines Romans, dessen unbekannter Autor wir gewesen sind, und bevor das letzte Kapitel beginnt, kann dieser geschickte Autor uns einen Schlüssel liefern, mit dessen Hilfe wir plötzlich die über die ganze Erzählung verstreuten Hinweise miteinander verbinden können, und was bisher sinnlos schien, bekommt nun vielleicht eine Bedeutung. So können wir die Trauer und das Bedauern, die Sehnsucht und die Ängste, die das letzte Kapitel mit sich bringt, durch Freude hinauszögern, die Freude über das Erkennen eines darin verborgenen Sinns.

Als ich jung war, habe ich sehr viel von meiner Zukunft geträumt, aber mit einem so großen Vertrauen in das Leben, dass ich nie versucht habe, die Realität meiner Utopie zu unterwerfen. Stolz habe ich das Schicksal walten lassen. Als Moralistin, die ich bin, habe ich mich stets vor denen gehütet, die ihr Leben leben wie einen Roman, den sie sich vorher ausgedacht haben, »die sich etwas vorerzählen«. Doch wie ich jetzt weiß, kann jeder, wenn ihm der Blick zurück nicht Angst macht, entdecken, dass seine Vergangenheit *wirklich* ein Roman ist, und auch wenn sie voller schmerzlicher Episoden war, verbindet sich diese Entdeckung mit einem Glücksgefühl.

Die Szene mit meiner Mutter, die ihren Geliebten auf der Türschwelle unserer Wohnung küsst, hatte Doktor M. zu folgendem Kommentar veranlasst: »Dass Sie Ihre Mutter in den Armen eines anderen Mannes gesehen haben, das war Ihre Rettung.« Klügere Leser als ich, die sich mit den Mechanismen des Unbewussten besser auskennen, können diesen Satz vielleicht auch nicht erklären, aber doch zumindest einige Schlüsse daraus ziehen. Ich dagegen wusste wieder einmal nichts Rechtes damit anzufangen; zu viele Hinweise, die mir hätten helfen können, ihn zu verstehen, waren meinem Bewusstsein wohl noch verborgen. Aber vielleicht genügte es zu wissen, dass ich »gerettet« war, ohne dass ich genau wusste, wovor, und warum dieser Anblick die Rettung gebracht haben sollte. Nicht in der Lage, sie zu deuten, nahm ich diese Bemerkung ohne Jubel auf, ja sogar ohne Überzeugung, einfach nur als ein eher günstiges Zeichen. Mit diesem Bild von meiner Mutter begann ein Abschnitt in diesem Buch, in dem ich ansonsten mich selbst in den Mittelpunkt fast aller Szenen stellte. Allmählich wurde ich weniger oft von Bildern heimgesucht, die Jacques in Begleitung anderer Frauen zeigten.

Immer noch spüre ich eine leichte Verunsicherung, wenn der Name von einer von ihnen fällt, und manchmal ergreife ich selbst die Initiative, um meine Immunität auf die Probe zu stellen oder besser, um mir zu bestätigen, dass ich noch nicht völlig immun bin. Hin und wieder, auch das kommt noch vor, hebe ich einen zerknüllten Zettel auf, den Jacques hat liegen lassen, und falte ihn auseinander – aus reinem Reflex.

Inhalt

»Eine brillante kulturhistorische Analyse.«

Sonja Margolina, Die Welt

Getrennt wohnen oder zusammen, mit oder ohne Kinder, gegenseitige Treue oder offene Beziehung – dass Paare heute über all dies gleichberechtigt verhandeln können, hat eine heroische Vorgeschichte. Lebensreformer aus Soziologie, Psychologie und der Kunst stellten zu Beginn des 20. Jahrhunderts die traditionelle Ehe in Frage. Hannelore Schlaffer verfolgt die Debatten – von der Schwabinger Bohème bis zu Jean-Paul Sartre und Simone de Beauvoir. In ihrer Schilderung geglückter und misslungener Versuche ist ein Entwurf der modernen Ehe entstanden, der Denkstoff für alle ist, die sich auf ein Leben als Paar einlassen.

224 Seiten. Gebunden

www.hanser-literaturverlage.de

HANSER